手 Hands から始まる物語
[第7回]

ブータン、23歳、木地師

器の表面をヤスリで磨いていく作業。

ブータンのダッパと呼ばれる漆器は模様が美しい。その土台となる木目を生かした木地をつくるのは職人の腕の見せどころである。ぼくの教え子だったキンレーは、木地師の道を進み始めたばかりだ。

photo & text　関　健作
KENSAKU SEKI

[上] キンレー（右）が働く工房の様子。ここではキンレーを含め3人の木地師が仕事をしている。
[下] 完成したダッパと呼ばれる漆器。美しい木目がある器は価値が高い。

●せき・けんさく　1983年、千葉県に生まれる。2006年、順天堂大学・スポーツ健康科学部を卒業。2007年から3年間体育教師としてブータンの小中学校で教鞭をとる。2010年、帰国して小学校の教員になるがすぐに退職。現在フリーランスフォトグラファー。
[受賞] 2017年 第13回「名取洋之助写真賞」受賞／2017年 APAアワード2017 写真作品部門 文部科学大臣賞受賞
[著書]『ブータンの笑顔　新米教師が、ブータンの子どもたちと過ごした3年間』（径書房）2013
[写真集]『OF HOPE AND FEAR』(Reminders Photography Stronghold) 2018／『名取洋之助写真賞 受賞作品 写真集』（日本写真家協会）2017／『祭りのとき、祈りのとき』（私家版）2016

　そこは、電気ろくろと木を削る音が響きわたっていた。おが屑が降り積もる薄暗い工房で、黙々と作業を進める青年。特殊なろくろ用の刃物で、短期間のうちに木を美しい形状に変えていく。無駄がない洗練された動きは見ていて実に気持ちがいい。指先はひび割れ皮は厚くなり、指紋は消えてしまったかのようにツルツルしている。常に握力を使い続けるゴツゴツした手の持ち主、駆け出しの木地師が今回の主人公だ。

　1996年生まれ、23歳のキンレー・ワンディと出会ったのは今から12年前。彼が11歳のときだった。ぼくが青年海外協力隊として赴任したタシヤンツェ小中学校に通う生徒だった。口数は少なく自己主張もしなかったが、体を動かすことが大好きで、どんな課題も積極的に取り組む活発な少年だった。

　ブータンの最も東に位置するタシヤンツェは、漆塗りの椀や器づくりの本場で、多くの木地師が工房を構えている。キンレーの父親も祖父も漆器の職人で、彼は幼いころから父親の作業風景を見て育った。

　タシヤンツェは森林資源に恵まれ、木材が容易に

23歳のキンレー、近所の子どもたちと。

手に入る。漆の木も数多く生えていたため、昔から漆器づくりが盛んな地域だった。ブータンでは昔から木や竹でつくられた食器が日常的に使われ、重宝されてきた。漆塗りの杯を携帯し、訪問した先でお茶や酒をいただくときにそれを用いた。

ブータンの漆器は日本のものとは違って漆をあまり厚く塗らない。木目を見て楽しむためだ。漆器にはいろいろな種類の木が用いられるのだが、特にカエデの木にヤドリギが寄生してできたコブあたりを木材として使うと、実に美しい木目が現れる。ブータンの漆器はその木目を最大限に生かしたつくりになっていて、美しい模様が現れた器は価値が高い。この木目を生かしながら木を削るのがキンレーの仕事である。

キンレーは初めから木地師になると決めていたわけではない。大学へ進学できず、首都で行われたツアーガイドのコースにもチャレンジしてみたが、競争倍率がとても高く、レッドオーシャンの業界。彼の元来の気質もあり、ガイドは早々に諦めた。そこで、祖父から父へと受け継がれてきた伝統工芸の技を極める職人の道を選んだ。好きとか嫌いとかでなく、自分が生きて行く道はこれしかなかったと言う。キンレーは祖父に弟子入りした。小さいころから工房で父親が作業をしている姿を見ていたし、見よう見まねで何度も器を作っていたこともあり、基本的な動きは難なく習得することができた。そんな中、首都に近いパロ県で親戚の木地師が新しく工房を立ち上げ、そこで働いてみないか？　という話が舞い込んできた。

若い世代は漆器を使う習慣がなくなり、インド製のプラスチックの器にとって代わられている。職人たちは、若者受けする製品を考案し、あらたな市場を模索しなければならない。また、国外への輸出を積極的に行っていくため、空港がある玄関口のパロ県に親戚は工房を立ち上げた。

現在キンレーはこの工房で毎日、朝6時から夕方6時まで作業している。

「この仕事が自分に合っているか分かりません。将来この職業があるのかも。でもぼくにはこれしかない。」

自分の居場所を見つけ、職人として技を磨くキンレー。今日も彼は黙々と器を作り続ける。

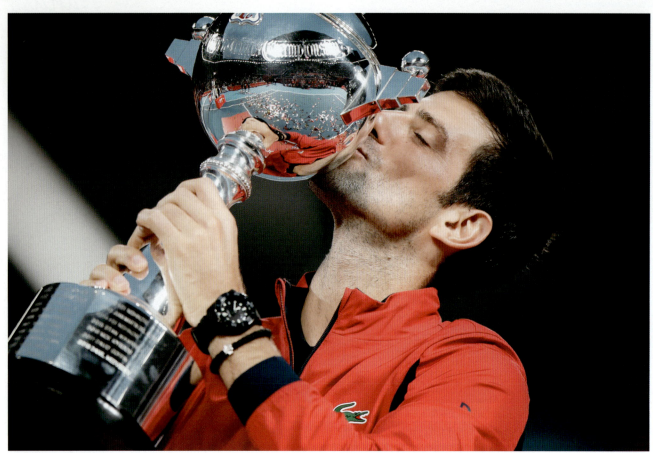

来年のオリンピックで悲願の金メダルを狙うノバク・ジョコビッチ。

強さを支える心根

　今年の楽天ジャパンオープン。錦織圭は残念ながら怪我により欠場したが、この男が輝いた。ノバク・ジョコビッチ。グランドスラム16勝、キャリア・グランドスラム達成、史上初のキャリア・ゴールデンマスターズ達成者。セルビアが生んだ英雄だ。

　190cm近い長身とその長い手足から放たれる強烈なサーブと、正確で強く深いストロークやバックハンドでラリーの主導権を握るのが強みだが、彼の魅力はコート内の強さだけにとどまらない。ユーモラスなパフォーマンスやファンサービスも有名で、恵まれない子どもたちのための慈善事業に力を注ぐ一面もある。祖国セルビアの民族紛争による心の傷が彼を強くさせたのかもしれない。

　今回のトーナメントは初出場だったが、すべてストレート勝ち。圧倒的な強さを見せつけた。優勝者インタビューでは家族と離れ離れになりながらも共に世界を転戦してくれるチームのスタッフに謝意を示し、大会運営に携わったすべての人々をファミリーと表現。日本のファンにも来年の五輪での再会を約束した。スピーチで心を温めてくれる数少ないアスリートだ。彼を撮影できて良かったと思う一週間だった。

[写真・文] **髙須　力** たかす・つとむ
東京都出身。2002年より独学でスポーツ写真を始め、フリーランスとなる。サッカーを中心に様々な競技を撮影。ライフワークとしてセパタクローを追いかけている。日本スポーツプレス協会、国際スポーツプレス協会会員。http://takasutsutomu.com/

学校教育・
実践ライブラリ

Vol. **7**

思考ツールの
生かし方・取組み方
授業を「アクティブ」にする方法

学校教育・実践ライブラリ　Vol.7

連載

創る—create

44	田村学の新課程往来⑦ カリキュラムをデザインすること	田村　学
46	続・校長室のカリキュラム・マネジメント⑦ 関係性を知る、ごちゃごちゃ言う	末松裕基
48	ここがポイント！　学校現場の人材育成⑦ 学校現場におけるOJTによる人材育成〈その4〉	高野敬三
68	講座　単元を創る⑦ 教材単元の再構成	齊藤一弥
70	連続講座・新しい評価がわかる12章⑦ 評価観点「主体的に学習に取り組む態度」（その2）	佐藤　真
72	学びを起こす授業研究⑦ 教育実習から授業づくりのポイントを探る	村川雅弘
82	進行中！　子どもと創る新課程⑦ 生活科・国語・図画工作の関連的指導 ──第2学年　図画工作「ぼかしあそびで」を通して	鈴木美佐緒

つながる—connect

50	子どもの心に響く　校長講話⑦ Society5.0	手島宏樹
76	カウンセリング感覚で高める教師力⑦ カウンセリングにも制限がある？	有村久春
79	ユーモア詩でつづる学級歳時記⑦ 「二小にきて」	増田修治
80	UD思考で支援の扉を開く　私の支援者手帳から⑦ 指導論にまつわる煩悩（3） ──反省指導	小栗正幸
84	学び手を育てる対話力⑦ 言葉を交わさない対話的学び	石井順治

知る—knowledge

38	解決！　ライブラちゃんの　これって常識？　学校のあれこれ⑦ 会社ではないのにどうして学校「経営」と言うの？［後編］［千葉大学特任教授　天笠　茂］	編集部
40	本の森・知恵の泉⑦ 時代を映す学校給食 ──『給食の歴史』	飯田　稔
42	リーダーから始めよう！　元気な職場をつくるためのメンタルケア入門⑦ ストレスに対抗するための心の基礎体力づくり②「睡眠」	奥田弘美

教育長インタビュー　──次代を創るリーダーの戦略Ⅱ⑥

56	つながりが生み出す"動くシステム"で子ども一人一人を大事にする教育を ［長野県青木村教育長］沓掛英明	

カラーページ

1	Hands　手から始まる物語⑦ ブータン、23歳、木地師	関　健作
4	スポーツの力［season2］⑦ 強さを支える心根	髙須　力

特集

思考ツールの生かし方・取組み方
～授業を「アクティブ」にする方法～

● インタビュー
14 「重要思考」と「発想力、決める力、生きる力」が学びを変える
　　三谷宏治 ［KIT虎ノ門大学院教授］

● 論考 —— theme
20 「主体的・対話的で深い学び」に必要な学習ツールの活用
　　——子供たちの思考力・判断力・表現力を活性化する方法 …… 田中博之

● 事例 —— case
24 「思考ツール」で道徳の授業をアクティブに …… 東京都新宿区立落合第二小学校
28 思考ツールと表現ツールで子供の学びを可視化 …… 愛知県尾張旭市立旭中学校

● 参考 —— reference
32 使える思考法2選 …… 編集部

● 提言 —— message
34 思考ツールの活用から判断力・表現力の育成につなげる工夫 …… 三田大樹

エッセイ

8 離島に恋して！⑦ …… 鯨本あつこ
　　島民総出でつくられる利尻昆布

52 リレーエッセイ・Hooray!　わたしのGOODニュース
　　人生最大の恵み …… ［歌手・教育学博士］アグネス・チャン

96 校長エッセイ・私の一品
　　考える牛 …… ［東京都江東区立明治小学校統括校長］喜名朝博
　　いつまでもいつまでも「たくましく生きよ。」…… ［仙台市立錦ケ丘中学校長］佐藤淳一

ワンテーマ・フォーラム —— 現場で考えるこれからの教育

子どもの感性にふれるとき

61 憧れの「まなざし」とそれに応える真剣な「まなざし」…… 中村裕幸
62 かっちゃんのODYSSEY …… 八代史子
63 ピカソと中学生のシンパシー …… 小林功治
64 子どもの感性を生かして豊かな授業づくりを目指したい …… 奥田良英
65 子どもは、感性そのもの。…… 有村久春

10 **教育Insight** …… 渡辺敦司
　　「21世紀の教育政策」で持続可能な開発目標に貢献

86 **スクールリーダーの資料室**
　　Education 2030

離島に恋して！ リトコイ！ [第7回]

島民総出でつくられる利尻昆布

利尻島［北海道］

　真夏の暑さから徐々に涼しさが増し、朝夕には肌寒さを感じる季節になりました。季節の移ろいに、食欲の秋の始まりも予感する今日このごろ、この時期から食べたくなるメニューといえば、やはりお鍋でしょう。

　お鍋といってもあらゆる種類がありますが、ホッとするのはやはり和風のお出汁です。できれば、お湯に溶かすだけの鍋の素ではなく、カツオ節や干した昆布からひいたスープで心身を温めたいものです。

　そこでお鍋にひらり、昆布の極上出汁をひくなら、やはり利尻昆布。北海道最北端、稚内から渡る利尻島や礼文島などで水揚げされる利尻昆布は、羅臼昆布や真昆布など、数あるブランド昆布のなかでも指折りの逸品です。

　そんな利尻昆布は通常、乾燥して平べったくなった状態で売られていますから、キッチンで料理するときでも、その形状を当たり前に感じていました。ところが、利尻島で聞いてびっくり。利尻昆布の平べったさは"島民総出"でつくられているものだと知ったのです。

　6月、北国の島が初夏を迎えるころ、利尻島では「昆布干し」が始まります。利尻島を歩くと、海の近

いさもと・あつこ 1982年生まれ。大分県日田市出身。NPO法人離島経済新聞社の有人離島専門メディア『離島経済新聞』、季刊紙『季刊リトケイ』統括編集長。地方誌編集者、経済誌の広告ディレクター、イラストレーター等を経て2010年に離島経済新聞社を設立。地域づくりや編集デザインの領域で事業プロデュース、人材育成、広報ディレクション、講演、執筆等に携わる。2012年ロハスデザイン大賞ヒト部門受賞。美ら島沖縄大使。2児の母。

NPO法人離島経済新聞社
統括編集長
鯨本あつこ

くにところどころ、小石が敷き詰められた駐車場のような空間があることに気づきます。そこは、水揚げされた昆布を天日干しするための「干場」で、昆布漁が行われる6月から8月にかけて昆布干しが行われるのです。

昆布漁は養殖昆布と天然昆布の2種類に分かれますが、いずれも地元漁協の指示のもと、一斉にヨーイドン！で始まります。スタート時間は深夜。ゴーサインの合図となる「旗」があがると、漁師たちは「干し子」といわれるお手伝い要員に電話をかけていきます。干し子経験のあるスタッフに聞くと「3時ごろに電話が鳴り、4時ごろに干場にいく」とのこと。干場に駆けつけた干し子たちが、水揚げされた巨大な昆布を一枚一枚、丁寧に広げて干していくそうです。

昆布干しでは主婦や定年退職者はもちろん、学校の先生や消防署員も干し子となり、夏休みの時期は、小学校低学年くらいの子どもたちから動員されます。立派に伸された利尻昆布の裏側には、真夏の早朝に繰り広げられる島民総出の作業があったのです。

スタッフによると、昆布干しの楽しみは「作業が終わったあとに食べる朝ごはん」で、ウニや昆布、わかめで握ったおにぎりにお味噌汁など、漁師が干し子にふるまう朝ごはんを、皆が楽しみにしているそうです。

朝ごはんのメニューは漁師のご家庭によって様々といいますが、スタッフがこれまでで一番おどろいた一品は「あわびの粕漬け」だったそう。人と人とのつながりが希薄になった現代社会において、昆布干しは日本人が忘れかけている健やかな共同社会のあり方にも重なります（しかも、地元の隠れた味に出会えるなんて！）。

ちなみに、私がおどろいた利尻島の味は「たちかま」というスケトウダラの白子でつくるかまぼこでした。ふわりとした独特の食感に、新鮮な白子を裏ごしし、寒風にさらしながら凝縮させたという深い旨みがたまらないたちかまは、利尻昆布で出汁をひいたお鍋で味わいたい逸品です。

写真左●島の中央にそびえる利尻山。島の人口は約4500人
写真中央●島民総出で浜辺に並べられた利尻昆布は夏の風物詩
写真右●スケトウダラの白子（たち）でつくられた「たちかま」は利尻島の珍味

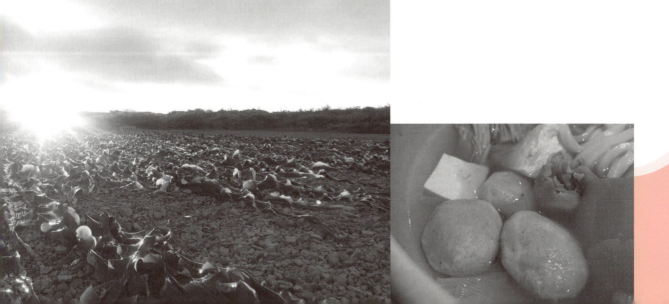

教育Insight

「21世紀の教育政策」で
持続可能な開発目標に貢献

教育ジャーナリスト
渡辺敦司

　文部科学省は９月５日、東京都渋谷区の国連大学でシンポジウム「21世紀の教育政策～Society5.0時代における人材育成～」を開催した。６月28～29日に大阪市で行われた20か国・地域首脳会議（G20大阪サミット）の教育関連イベントとして企画したもので、国内外から集まった約300人が今後の時代に目指すべき教育政策の在り方と国際協力の重要性を話し合うとともに、秋の国連教育科学文化機関（ユネスコ）総会で採択を予定する20～30年の「持続可能な開発のための教育（ESD）」実施枠組みである「持続可能な開発のための教育：SDGs（持続可能な開発目標）達成に向けて」（ESD for 2030）の意義を確認した。

● 「変革する力」が重要

　開会式であいさつした柴山昌彦・文部科学相（当時）は、昨年９月のG20ブエノスアイレス・サミットで初めてG20教育大臣会合が開催された勢いを継承するため、今回のイベントを企画したと説明。Society5.0（超スマート社会）時代や人生100年時代には教育も大きな転換点を迎えるとの認識を示し、文部科学省としても新時代の学びを支える先端技術の活用に取り組んでいることを紹介した。

　共催者を代表してあいさつした国連大の沖大幹上級副学長は、SDGsに示された17の目標のうち４番目の「質の高い教育をみんなに」は他の目標と深く結び付いており、学び方や考え方、行動にシフトをもたらすと意義を強調。国連大としても各国の高等教育機関とネットワークを組んでESDに取り組んでいることを紹介しながら、世界の持続可能性に向けた議論に期待を寄せた。

　シンポは３部構成で、第１部は「Education for Innovation」。まず、共催者でもある経済協力開発機構（OECD）のアンドレアス・シュライヒャー教育・スキル局長が基調講演を行った。わずか10年ほどでiPhone（アイフォーン）やツイッター、アマゾンなどのサービスが拡大したことに注意を向けながら、教育はそうしたテクノロジーによる急速な世界の変化に追い付くことができなかったと指摘。一方で学校が変化に対応するには、歴史や科学といった個別教科の学習時間を増やすだけでは不十分であり、歴史学者や科学者のように考えることの方が重要だとの認識を示した。

　OECDは現在、コンピテンシー（資質・能力）の再定義を行う「教育とスキルの未来：Education 2030」プロジェクトの第２段階（フェーズ２）に取り組んでいる。シュライヒャー局長は、日本も含めて世界的に不平等が拡大する中では、もっと教育に投資して、Education 2030フェーズ１で提唱した「エージェンシー」（自ら考え、主体的に行動して、責任をもって社会変革を実現していく力）を重視して「教育とテクノロジーとの競争」

に対応するよう訴えた。

シュライヒャー局長はまた、Society5.0時代にはテクノロジーによって誰とでもつながることができるようになるものの、それによって権力が集中化・特殊化するだけでなく、アイデンティティーの維持を難しくさせ、多様性も失わせる逆効果ももたらすと危機感を示した。だからこそ固定的なカリキュラムから脱してダイナミックでホリスティックなアプローチが求められるとした。Education 2030の「ラーニング・コンパス（学びの羅針盤）」もそうした「進化し続ける枠組み」として構想したものだ。

Society5.0時代にも知識は依然として重要だが、将来に必要とされる知識の質は変わらざるを得ない。シュライヒャー局長は、仕事の複雑化に伴って学習にも「暗記方略」がますます役に立たなくなるため、新しい知識を身近な知識に結び付けたり、横断的に広げたりする「エラボレーション（入念な）方略」を重視するよう訴えた。

●学校の教育目標にも落とし込み

基調講演に続いて、ラーニング・コンパスへの期待を世界中の生徒が語るビデオメッセージを放映した後、福井県立若狭高校と福島県立ふたば未来学園の生徒・卒業生と教職員が、探究学習の重要性について発表した。両校とも生徒エージェンシーの育成に努めているといい、ふたば未来学園の南郷市兵副校長は「特別のコースを加えることなく、学校のカリキュラムで十分育成できる」との見方を示した。

第1部の最後は、シュライヒャー局長をコーディネーターとして、政府の教育再生実行会議委員も務める工藤勇一東京都千代田区立麹町中学校長と平川理恵広島県教育長（前横浜市立中川西中学校長）が対談した。

工藤校長によると、麹町中の教育目標は「一言で言うと、持続可能な世の中をつくる人材育成」で、それを実現するために設定した①自律②尊重③創造——はOECDが03年に定義したキー・コンピテンシーの①自立的に行動する能力②多様な集団における人間関係形成能力 ③ツールを相互作用的に活用する能力——を基にしたという。目指す生徒像に示した「さまざまな場面で言葉や技能を使いこなす」「感情をコントロールする」「他者の立場で物事を考える」など八つのスキルも、キー・コンピテンシーを具体化したものだという。

●包摂的な質の高い教育で

第2部は、ESD for 2030の立ち上げ直前記念イベントという位置付け。あいさつに立った安西祐一郎・日本ユネスコ国内委員会会長は、包摂性と多様性が中心になると強調。基調講演したユネスコのステファニア・ジャンニーニ教育担当事務局長補も、包摂的な質の高い教育により、持続可能な社会に向けて次世代のために未来を変える意義があるとした。さらに、麗澤中学・高校の重松雅治・教務部副部長国際担当とANAホールディングスの伊東裕常務、ドイツ連邦教育・研究省のカトリン・ハンケンESD課長、インドネシア研究技術高等教育省のエリー・リカルド・ヌルザル企画局長が国内外の取組を発表した。

第3部は「これからの社会に必要なこと」をテーマにしたパネルセッションで、登壇したのは18年のG20議長国アルゼンチンのフランシスコ・ミゲンズ＝カンポス教育省国際協力課長、20年の議長国サウジアラビアのトゥルキ・アバララ教育省教育大臣顧問、シュライヒャー局長、ジャンニーニ事務局長補、東京大学・慶應義塾大学の鈴木寛教授（元文部科学大臣補佐官）。北村友人・東京大学大学院准教授がコーディネーターを務めた。

特集

思考ツールの生かし方・取組み方
授業を「アクティブ」にする方法

「主体的・対話的で深い学び」をどう実現するか、思考錯誤している教師は多いだろう。教師が一方的に話す一斉授業を脱却し、子供が「アクティブ」に学ぶための手がかりとされるのが、ウェビングやロジックツリーに代表される思考ツールだ。子供が自ら思考・判断・表現するのを助ける道具として注目され、いまや分析・判断ツールや表現ツールなど、多様なツールが開発・利用されている。こうした最新の学習ツールの特徴や、授業での具体的な活用法から授業を「アクティブ」にしていく方法を考える。

● インタビュー
　「重要思考」と「発想力、決める力、生きる力」が学びを変える
　三谷宏治［KIT虎ノ門大学院教授］

● 論 考──theme
　「主体的・対話的で深い学び」に必要な学習ツールの活用
　　　──子供たちの思考力・判断力・表現力を活性化する方法

● 事 例──case
　「思考ツール」で道徳の授業をアクティブに
　　　東京都新宿区立落合第二小学校

　思考ツールと表現ツールで子供の学びを可視化
　　　愛知県尾張旭市立旭中学校

● 参 考──reference
　使える思考法2選

● 提 言──message
　思考ツールの活用から判断力・表現力の育成につなげる工夫

インタビュー

三谷宏治 氏
KIT虎ノ門大学院教授

「重要思考」と「発想力、決める力、生きる力」が学びを変える

　経営コンサルティング、社会人教育などを手がけ、現在、大学教授、著述家、講演者などとして活躍している三谷宏治氏。氏が提唱する「重要思考」や「発想力、伝える力、生きる力」は、自らのキャリア形成の中から体験的に獲得してきた学びの道標だ。それらは既に多くの学校・企業などの教育現場で実践され、大きなインパクトを与えている。三谷氏が考え、実践している思考法とはどのようなものか。子どもから保護者、企業人に至るまでの"学びを変える仕掛け人"として活動する氏に聞いてみた。

写真・島峰　譲

特集 ● 思考ツールの生かし方・取組み方〜授業を「アクティブ」にする方法〜 ●

ダイジなことを一つに絞る「重要思考」

■一般的な論理思考の問題点

――「重要思考」という思考法を提唱しています。

　新社会人に求める力とは何かを尋ねた企業アンケートでは、ここ10数年ずっと「論理的思考力」が1位です。ずっと1位ということは、それが重要にもかかわらず、未だ満たされていないということ。これだけ本も研修もいっぱいあるのに普及しないのは、日本で教えられている論理思考が難しすぎるからです。経営コンサルティング会社のマッキンゼーが提唱したものがベースになっていて、ブロックを精緻に積み上げていくような手法なのですが、それを身に付けて実践できている人にはめったに出会えません。もともとプロ向けの手法なので、自らのものとするのに相当の修練が必要だからです。そして何より、難しいが故に他人に伝えることができません。それではチームや組織の中で拡がらないでしょう。

　そこで、論理思考を極力学びやすく、かつ伝えやすくという視点からつくったのが「重要思考」です。一言で言えばこれは、「一番重要（ダイジ）なことに集中する」思考法なのです。

――具体的にはどう考えていくことなのでしょうか。

　一般の論理思考ではよく「ミーシー（MECE）であることが必須」だと言われます。「Mutually Exclusive, Collectively Exhaustive」の略で、「モレなく、ダブりなく」という意味です。「問題にはAとBがある」と言うのならば、AとBに重なり

があってはいけないし、AとBの他にCやDがあってはいけない。議論するすべての要素にモレがあってはいけないし、ダブりがあってもいけない、というのです。でももし、「Aが全体の中で6割を占める要素」であるなら、Aに集中して、その他（Bなど）はとりあえず置いておけばいいでしょう。一番ダイジな1個を定めることさえできればいいのです。ダイジなもの以外を議論に持ち込まず、2番、3番はあとにする。それが重要思考です。ふだんは「これもある」「あれもある」と言い合っているだけなので、議論になっていません。結果的に全方位的で保険や特例だらけのなんの効果も生まない意思決定が成されます。でも「これが一番ダイジだ」と主張するならば、必ず議論になります。ちゃんと噛み合う有意義な議論が短時間でできます。このように、重要思考は議論を細かく精緻に組み立てていくのではなく、重要なことを一つ定めることを目標に、考えや議論を集中させていく思考法です。単純ですが、やってみると効果は抜群です。個人としてもぶれない意思決定ができますし、集団としても話が逸れず、みなの意識合わせがやりやすくなります。

「発想力」「決める力」「生きる力」が時代に求められる力

■必要なのは選択肢を拡げ絞り込む力

――そもそも思考力とは頭脳だけの話でしょうか。

　ビジネスの現場では最近よく「デザイン思考」という手法が使われますが、そのプロセスの中核が「観察」と「プロトタイピング（試作品をつく

学校教育・実践ライブラリ〈Vol.7〉　15

小学校で授業をする三谷氏

る）」です。考えること、ではなく、見ることとつくること、なのです。頭だけのブレインストーミングから入る方法はよく行われますが、何も刺激がない頭をストーム（嵐、かき混ぜる）してもムダ。まずは具体的なモノやコトを観察することから、私たちの思考は始まるのです。また手に刺激があることで脳自体が活性化されます。単に思いついたことを言ってみるのではなく、試作品を手でつくって実際にユーザーに使ってもらい、それを観察する。それが思考の一つであるという考えや実践が広まっているのです。

——では意思決定力とはどういう能力なのでしょう。

決めるとは選択です。選択肢を出して、そこから一つに絞るということが「決める」ということなのです。そのためにはまず、十分な選択肢を出せなければいけません。始めからこれしかないと思い込んでしまったり、多くから一つに絞り込むことができなかったりすれば、なにも「決めた」ことになりません。企業における意思決定は、すべてこれに帰結すると言っても過言ではありません。このお客さんに商品を買ってもらいたいと考えたときに、このお客さんは何を求めているか、ブランドか、使い勝手か、コストパフォーマンスか、といったように、いろいろと選択肢を広げていき、最終的には一つに決めて商品開発につなげ

ていく、それが意思決定です。ただそれは、頭の中からポンと出てくるものでは大抵ダメで、観察と洞察や試作によって拡げられた選択肢でなければなりません。それこそが発想力。そのためには座って悩むのではなく、動いて考えることです。発想力で拡げていって、重要思考で絞っていく。これが思考力であり、意思決定力と言えるのです。

——コミュニケーション力の向上も学校教育のテーマです。

コミュニケーションとは、互いに「伝え」「聴く」ということです。でも伝えたいことをあれこれ10個ならべても、絶対に相手には伝わりません。「どうしても伝えたいこと」を一つに絞るということが必要なのです。聴くのも同じ。ただ肯いて、相手に自分の考えを表現させるだけでなく、相手に「どれが一番大切か」考えることを促しましょう。いずれも重要思考そのものです。コミュニケーション力を養うには、重要思考をもとに伝える力や聴く力を鍛えていくことがポイントとなるのです。

体感を伴う試行錯誤的な学びを子どもたちに

■三つの力の鍛え方

——「発想力」「決める力」「生きる力」を鍛えるには。

特集 ● 思考ツールの生かし方・取組み方〜授業を「アクティブ」にする方法〜 ●

　企業などではよく社員に報連相（報告・連絡・相談）を求めますが、近年成長している会社では、「報連相禁止」としているところが目立ってきました。例えば、スマートフォンなどに多くの電子部品を供給して成長してきた村田製作所では30代の若い意思決定者たちがいて、対外的な打合せの際には、その場での即断即決を求めています。その若者たちに「（案件を会社に）持ち帰って検討する」は許されていません。それでは顧客の要求に間に合わず、他社との競争に勝てません。同社はそうした決める力をもった人材を長年かけて育ててきたからこそ、即応能力のある会社として伸びてきているのです。グローバル化や技術の進歩が速い今後の社会にあっては、こうした力こそが求められていると言えます。「相談を許さない」というのは、決める力を育てることにつながります。逆に、「相談にアドバイスという名の答えで返す」ことは、その人の決める力を奪っていく行為なのです。これからの社会ではリアルな試行錯誤を続ける力こそが求められます。それを子どものころから練習させましょう。自ら発想し決めて、成功し失敗することの繰り返しこそが、子どもたちに真の「生きる力」を与えることになるでしょう。

——学校でも三つの力を生かした授業に取り組んでいます。

　私の授業では、よく「観察」から入ります。「考えて」「議論する」というのは、多くの子どもたちにとってはハードルが高いこと。でも「観察」ならどの子もできます。例えば1枚の写真を示して「何が見える？」と問います。そこで見つけたことを隣同士や少人数グループで対話をしてシェアします。これを「Find & Share」と呼んでいます。これを短時間で何回も繰り返すことで、みな集中して聴くようになります。そして、具体的な体感を伴う探究的、試行錯誤的な活動に入ります。例えば、紙コップの上部には「トップカール」という縁がついていますが、それがなんのためについているかを問います。もちろんみなに配った上で。これは頭では絶対に解けません。実際にトップカールを切り取って、完全品と使い比べることで初めてわかります。「液体を入れたらもはや持つことができないほど強度が下がる」ことが。トップカールにはさらにダイジなヒミツの機能も！　ぜひご自身でトライしてみてください（笑）。こういう体感を通じた探究により「形には意味がある」ことだけでなく「やってみること」の重要さが理解できます。これは「デザイン思考」そのものですし、こういった試行錯誤的学習が、子どもたちの将来にとってはもっともっと必要なのです。

学卒経営コンサルタントとしてのキャリアから得たもの

■三谷氏の足跡

——キャリアのスタートはBCGですよね。

　大学を出て外資系のコンサルティング会社BCGに勤めました。この就職は私にとっては「モラトリアム最大化戦略」（笑）。自分の進むべき道を探す手段として選択しました。コンサルティング会社ではいろいろな業種に関わることができ、仕事は面白かったですね。特に、新規性の高いプロジェクトに携わる仕事が好きでした。例えば、「国鉄民

学校教育・実践ライブラリ〈Vol.7〉　17

観察から思考へ──。
試行錯誤的な学習が子どもたちの未来にとって大切です。

特集 ● 思考ツールの生かし方・取組み方〜授業を「アクティブ」にする方法〜 ●

営化プロジェクト」など誰も経験したことのないテーマに関わりました。難易度の高いものでは「オムツ開発力向上プロジェクト」。もちろん自分ではその商品の使用感がまるでわからないですし、使用者（赤ちゃん）に尋ねてもわかりません。これは難題です。でも実際に買うのは親なので、「親にとってはどんなオムツが望ましいのか」を考えることがダイジなのです。そのうちに「三谷は『新規プロジェクト』が得意」という評価になって、いろいろな"初めてプロジェクト"を担当しました。いろいろな業界やテーマを経験することで、それ自体がときどき役立ちます。高級アパレルでの経験があるからこそ、銀行プロジェクトで富裕層マーケティング・営業の発想を取り入れることができるわけです。要は、どうやってアイデアを出し、決断していけるかが勝負で、そのための発想力や決める力が磨かれていった時期でした。

──転職先のアクセンチュアでは。

BCGに9年半勤めてから、ローカルトレーニングの責任者とすることとそのための時間を確保することを条件に、世界最大手のコンサルティング会社であるアクセンチュアに転職しました。ここでは、独自に社員教育のカリキュラムをつくり、すべての科目の資料をつくって研修を行い、次のトレーナーを育成するところまで3年かけて取り組みました。BCGで培った発想力・決める力などを新入社員から幹部までに伝えることに注力したわけです。特に、新入社員教育のように、基礎のない人に基礎を教える仕事は、私にとって伝える力を磨く最高の場でした。コンサルティングはまさに天職だったのですが、一生はできないなと思い、42歳で辞めて教育の世界に注力することにしました。

──今後どのような活動を手がけていきますか。

この10年は、講演はもとより学校での授業などにも力を入れてきました。小学1年生から大学生までを対象に、子どもたちの好奇心を沸き立たせ、日常での実践に繋がるようなことを伝えたいと思っています。身の回りの事象にはすべて意味があり、フシギに満ち溢れています。紙コップの「トップカール」も然り。こうしたフシギで意味のあるものを、観察して発見したり、調べて探究したりする価値ある学習を広めたいと思っています。リアルな試行錯誤を支える「発想力」「決める力」と失敗にめげない「生きる力」、これらはAIでは代替できない力です。これからも、子どもの学びを変え、保護者や教員たちの心や行動を変えていけるような授業や講演、本を世の中に伝えていきたいと思っています。　（取材／編集部　萩原和夫）

Profile

みたに・こうじ　1964年大阪生まれ、福井で育つ。東京大学理学部物理学科卒業後、BCG、アクセンチュアで19年半、経営コンサルタントとして働く。92年INSEAD MBA修了。2003年から06年 アクセンチュア戦略グループ統括。2006年からは子ども・親・教員向けの教育活動に注力。現在は大学教授、著述家、講義・講演者として全国をとびまわる。KIT（金沢工業大学）虎ノ門大学院教授の他、早稲田大学ビジネススクール・女子栄養大学客員教授。放課後NPOアフタースクール・NPO法人 3keys理事を務める。『経営戦略全史』（2013）はビジネス書2冠を獲得。『戦略子育て』『お手伝い至上主義！』『親と子の「伝える技術」』『ルークの冒険〜カタチのフシギ』など家庭教育書も多数。新著『新しい経営学』が刊行中。永平寺ふるさと大使。3人娘の父。

theme

「主体的・対話的で深い学び」に必要な学習ツールの活用
子供たちの思考力・判断力・表現力を活性化する方法

早稲田大学教職大学院教授
田中博之

　新学習指導要領が求めるこれからの授業の在り方が、「主体的・対話的で深い学び」という日本式アクティブ・ラーニングになった。主要なOECD加盟国と比較して、日本の学校ではまだ、教師による発問と板書を主とした一斉授業が多すぎることを改善したいからである。一斉授業では、知識・技能の習得は効率的に行えるが、それらを活用した課題解決的な学習による思考力・判断力・表現力の育成は十分にできない。

　そこでこれからの授業づくりでは、子供たちの学習の基盤となる資質・能力として思考力・判断力・表現力の一層の向上が期待されているため、子供たちが身に付けるべき資質・能力を可視化し、創意工夫をしながら思考・判断・表現をするための知的な道具が不可欠になる。

　それが、筆者が「学習ツール」と呼ぶ、思考・判断・表現のための多様な知的ツールである。その特徴と授業での活用方法を紹介しよう。

学習ツールとは何か

　「学習ツール」とは、子供たちの思考・判断・表現を助ける道具のことである。「主体的・対話的で深い学び」は、課題や問いを子供たちがつくったり、協働的な学びを通して子供たちが主体的に資料や情報を集め加工して表現したり、情報の要約・整理・構造化・関連付けのために思考したり、物事の正誤や真偽、善悪を自己判断したり、さらに自分の言葉で考えて自己表現したりする学習であることから、それらを支え活性化する学習ツールの充実が不可欠になる。

　汎用的な学習ツールには、イメージマップやロジックツリーなどの思考ツール、レーダーチャートなどの分析・診断ツール、ホワイトボード・付箋紙・アイテムカードなどの操作ツール、それらをデジタル化したタブレットなどのICTツール、はがき新聞などの表現ツールなど多様なものがあり、それらを子供たちの課題解決的な学習を通して組み合わせながら、タイミングよく活用していくようにすることが大切である。

　より教科の特質に応じた固有の学習ツールとしては、道徳科での子供たちの善悪の判断を促す「真心カード」や「心の関係図」「心のビンゴカード」といった判断ツールが開発されている。

[特集] 思考ツールの生かし方・取組み方
～授業を「アクティブ」にする方法～
■ theme ■

思考ツールとしてのイメージマップ（ウェビング）

　まず、イメージマップやウェビングと呼ばれる思考ツールを紹介しよう。イメージマップは、「自分の頭の中にある雑多なイメージやアイデア、知識や概念、そして体験のエピソードや感覚の記憶などをネットワーク状に整理するために描く図」のことである。その中心に一つのキーワードや絵・図を描いて、そこから連想される用語や単文をより詳しく放射状に書き続けていくことで、自分の記憶やアイデア、そして知識構造や体験の意味付けなどを整理したり深めたりすることができるようになる。

　学校では、国語科の物語文や説明文から読み取ったことを整理させたり、物語や説明文の創作表現の設計図を描かせたり、生活科や理科、社会科で観察したことやインタビューしたことをまとめさせるときに使えば、より構造的な内容理解につなげたり、分かりやすくおもしろい内容をもつ創造的表現を生み出すことができるようになる。

　イメージマップの学習効果は次の４点で捉えられる。

　一つ目の効果は、自分の頭の中に雑多に入っている知識や情報、そしてアイデアを整理することができるようになること。

　二つ目の効果として、人に対して分かりやすい話をしたり、分かりやすい文章を書いたりすることができるようになること。多くのユニークな発想が生まれやすくなり、子供たちの創造性を養うことにもつながっていく。

　三つ目の効果は、カルタ（イメージマップやウェビング図）の中の枝（リンク）をどんどん伸ばしていくことによって、考えを深めたりより詳しく考えたり、必要であればすべての場合を尽くして考えたりする習慣を身に付けることができるようになること。

　四つ目の効果は、カルタをあるトピックについて学習する前半と後半とに２回描かせて、その変容を捉えさせることによって、自己の認識の深まりや広がりに気付かせることができること。そうすると、子供は自分の認識レベルでの成長が

フィンランドの小学校で、社会科の教科書の内容を整理している

シロクマについて学んだことを整理している

視覚的に分かりやすくなるので、学習の充実感や達成感を味わいやすくなるのである。そのためには、１回目に描いたカルタのうえに、２回目には色を変えて新しく気付いたり考えたりした言葉やリンクを書き足していくとよい。

　このように、イメージマップは言語を用いた子どもの思考力や創造性を高めるために有効な学習ツールの一つである。

判断ツールとしての真心カード

　真心カードは、筆者が開発した、ハート型のカードに道徳科の内容項目をやさしい表現に直して書き入れたもので、A4用紙に６個ずつ合計18個印刷されている。ハートをはさみで切り抜いて必要なカードを選択し、画用紙の上に貼り付けながら、自分の心

theme

の中や行動の特徴を描き出すために使うようになっている。

参考文献4に対応したダウンロード・サイトからパスワードを入れることで、真心カードのワードファイルを入手できるので活用してほしい。

必要に応じて、この真心カードを大きめに拡大印刷して裏にカットしたマグネットシートを付けて黒板に貼り付けることで、内容項目の可視化・操作化・言語化がやりやすくなる。また、何度も使えるように真心カードをラミネート加工することもお薦めしたい。

また、できるだけカラー印刷していただければ、いろいろな色を使った楽しいマップや図が完成するので、子供たちも楽しみながらこの真心カードを使って、道徳的判断をしたり道徳的実践の具体的なイメージをつくったりするようになるだろう。

さらに、小学校低学年ではあらかじめ教師の方で真心カードを切り抜いて、その中から必要なものを限定して子供たちに渡す方がよいが、中学校にもなると全部のカードを一度に渡してはさみで切り抜きながら気軽な対話を楽しんだり、必要なカード（道徳科の内容項目に対応）を選択したりするためのゆったりとした時間を取るようにするとよいだろう。小学校中学年や高学年では、教師の方で真心カードから10枚程度を選択して渡す方がよい。18枚全部を渡してしまうと、やや多すぎて子供たちもしっかりとした道徳的判断を行えなくなる心配があるので注意が必要である。

子供たちが主体的な道徳的判断をするために、心の中の内的な価値基準を自分で自覚するときに、内容項目（価値項目）を「心」という言葉にして使う方が効果的であろうと考えたのである。事実、新学習指導要領における道徳科の内容項目の具体例には、「広い心」「明るい心」「探究しようとする心」「温かい心」「思いやりの心」「謙虚な心」「広い心」「愛する心」「感動する心」「すがすがしい心」「優しい心」といった言葉が使われていることからも、アクティブ・ラーニングの視点を生かした道徳科の授業改善のためには、子供たちに内容項目を分かりやすく可視化する「心」という言葉を用いることによさがあることが分かる。

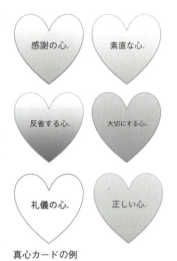

真心カードの例

また、子供たちは学級担任が想定した内容項目に加えて、不思議なことに、自分自身にとって必要な価値項目や自分が大切と思う価値項目を選んで考察したり、意思決定したり、自己宣言したりするようになる。そのことが、道徳科における「主体的・対話的で深い学び」につながってくる。

表現ツールとしてのはがき新聞

はがき新聞は、公益財団法人理想教育財団が提供するはがきサイズの新聞であり、見出しと3段組構成の枠に沿ってイラストや図表を組み入れて100字から200字程度でコンパクトに自分の考えを伝えることができる簡易な表現ツールである。文字数が少ないことや色付けやイラストが創意工夫できるので、子供たちが楽しんで進んで書くことができるようになる魅力的なツールである（詳しくは、財団ホームページを参照。https://www.riso-ef.or.jp/）。

淡い青色の罫線があらかじめ印刷されているため、きれいに書ける、カラフルな色で彩色できる、1時間もあれば1枚のはがき新聞を完成させることができるなど、子供たちの学習意欲をかき立てる多くのメリットがある。

[特集] 思考ツールの生かし方・取組み方
～授業を「アクティブ」にする方法～
■ theme ■
「主体的・対話的で深い学び」に必要な学習ツールの活用

「主体的・対話的で深い学び」を行ううえでは、学習意欲だけでなく、協働的な学習における情報共有や役割分担の自覚を高めるためにも、大変効果的である。そして、子供たちが書いたはがき新聞を教室に掲示しておけば、学習への連帯意識を高めることにもつながる。また、100字から200字程度で情報の要約や自分の意見の整理ができるために、情報活用能力や自己表現力といった汎用的能力を育てるためにも便利な表現ツールになる。

逆に文字数が少ないからこそ、言いたいことを厳選して三つのポイントに整理しながら、またイラストや図表を組み合わせて効果的に表現することが求められる。楽しさの裏に高度な思考力や表現力を育てることができる効果もあわせもっている。字数から見て、学力調査や大学入試の共通テストの準備にも大変効果的である（参考文献5）。

実践例としては、国語科で物語の紹介新聞や批評文を書いたり、算数科で問題の解き方の秘訣をまとめた算数新聞を書いたり、社会科で歴史上の人物紹介新聞にしたり、英語科で英字はがき新聞を書いたりすることができる。また特別活動の時間では、学級をよくする取組例を紹介する学級力はがき新聞もあり、これまで豊富な実践事例が蓄積されている（参考文献3）。

また道徳はがき新聞もぜひお薦めしたい。道徳科の目標で述べられている、「道徳的諸価値についての理解を基に、自己を見つめ、物事を多面的・多角的に考え、自己の生き方についての考えを深める学習」は、道徳的課題と自分との関わりを多面的に考えて書くことによってしか深められないといえるだろう。そのためには、はがき新聞は道徳科の表現ツールとして最も効果的であるといえる。

子供たちは、はがき新聞を宿題にしたり、締め切りだけ設定してあとは子供たちの主体性に任せたりしているだけでも、決して不満はいわず楽しんで書くようになるので不思議なほどである。それほどに、はがき新聞は子供の表現欲求を満足させるすぐれた表現ツールなのである。

その効果を一層上げるためには、書きっぱなしにすることなく、教室内の掲示コーナーに貼り出したり、短時間でもグループ内で読み合って「はがき新聞交流会」をもつようにしたりするとよいだろう。

具体的な実践例については、以下の参考文献を参照していただきたい。

学級力はがき新聞の児童作品例
（藤原寿幸先生の実践、参考文献3）

[参考文献]
1　田中博之著『フィンランド・メソッドの学力革命』明治図書出版、2008年
2　田中博之著『学級力が育つワークショップ学習のすすめ』金子書房、2010年
3　田中博之編著『学級力向上プロジェクト3』金子書房、2016年
4　田中博之・梅澤泉・彦田泰輔共著『道徳ツールとアクティビティでできる「考え、議論する」道徳ワークショップ』明治図書出版、2018年
5　田中博之著『アクティブ・ラーニングによる新全国学テ・正答力アップの法則』学芸みらい社、2019年

Profile

たなか・ひろゆき　1960年北九州市生まれ。大阪大学大学院人間科学研究科博士前期課程修了。大阪教育大学専任講師、助教授、教授を経て、2009年4月より現職。1996年及び2005年に文部科学省長期在外研究員制度によりロンドン大学キングズカレッジ教育研究センター客員研究員。研究テーマは、ドラマとサークルタイムの指導法の開発、アクティブ・ラーニングの授業開発、学級力向上プロジェクトの研究等。

case 1

「思考ツール」で道徳の授業をアクティブに

東京都新宿区立落合第二小学校

　「特別な教科　道徳」の学習指導案は、「導入」「展開」「終末」といった流れに沿って行われることが一般的である。児童の日常生活を振り返り、ねらいとする価値への「導入」、教科書の読み物資料を通しての発問や主人公の心情と照らし合わせながら自分自身を見つめ直す「展開」、本時の価値を整理し、教師の説話等でまとめる「終末」へと向かう。この道徳科の授業の核となる「展開」で、いかに児童の「主体的・対話的で深い学び」を生み出すかが授業改善への鍵となる。一般的に話合い活動は、2人組やグループでの話合いから学級全体へと広がっていく流れとなっているが、特定の児童だけが発言したり、グループの話合いがワークシートに書いた自分の意見を伝え合うことだけで終わってしまったりすることが多く見受けられる。授業後の児童の振り返りノートには、「終末」の教師のまとめた部分を書いて「〇〇は大事なってことがわかりました。これからは〇〇を大切にして行動したいです」という言葉が綴られる。特定の価値観を押し付けたつもりはないが、児童は受け身のままで授業を終えてしまったことに授業者としての悔いが残る。

　そこで、学級の児童全員が目を輝かせて話合い活動に主体的・対話的に参加できるような「思考ツール」の開発に取り組んできた。「思考ツール」を取り入れることで、グループワークが活発に行われるだけでなく、自己を見つめ直したり、物事を多面的・多角的に考えたりすることにも有効になる。どのテーマにでも活用できる「真心カード」や心の葛藤を表現しやすい「心の葛藤マップ」は、自分の心や行動を可視化、操作化することで、より深い学びを生み出すことができる。

　ここでは、道徳の教科書の読み物資料に合わせてアレンジした「思考ツール」を用いた授業づくりを紹介したい。

「思考ツール」を活用した話合い例❶

〈小学3年「さと子の落とし物」〉
○ねらい　鍵を失くし、困り果て

[特集] 思考ツールの生かし方・取組み方
〜授業を「アクティブ」にする方法〜
■ case 1 ■

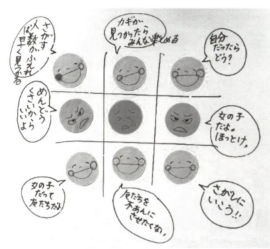

図1　オセロシート

図2　ワークシート

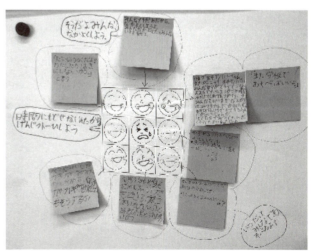

図3　グループワーク　　　　図4　グループワークの思考ツール

ているさと子の気持ちを思いやり、友達のために頑張ることのよさを感じることを通して、友達どうし互いに力を合わせ、助け合おうとする心情を育てる。
○項目　B「友情、信頼」
○主題　友だちを思って

●使用した思考ツール「オセロシート」
① 教科書のお話の登場人物の心情や行為を全体で考えていく。遠足の自由遊びの時間に鍵をなくしたさと子（中央の泣いている顔）に対して周りの友達はどう考えるか。意地悪な言葉を思いやりのある言葉でひっくり返していき、中央のさと子を笑顔にしていくオセロシート。
② 自分ごととして捉えたとき、自分の中の意地悪な心と優しい心に向き合って、シートに書き

case 1

表す。
③ ②で向き合った自分の心を持ち寄ってのグループワークを行う。オセロシートを「思考ツール」として用いて、グループで話し合いながらすべてのコマを笑顔に変えていく。友達との共通点や相違点を感じながらも、全てのコマを笑顔にするために力を合わせて活動している。言葉が人の心を変えていくことを体感しながら、協働的に課題解決を行っている。

思考ツールを活用した話合い例❷

〈小学3年「なんにも仙人」〉
○ねらい　働くことには、遊んでばかりいることとは異なるおもしろさや、喜びがあることに気づき、進んでみんなのためになる仕事をしようという意欲を育てる。
○内容項目　C「勤労、公共の精神」
○主題　はたらくよろこび

●使用した思考ツール「ブラックな心カード」と「パックマンカード」
① 教科書の主人公と同じような働きたくない、遊んでいたい自分の中の負の心と向き合う。
② それぞれの負の心を持ち寄ってのグループワークを行う。それぞれの負の心を聞いて、「わかる。わかる」という声が。みんなの悪い心を集めたら、こんなお化けになってしまった。グループごとにおばけに名前を付けて全体で発表する。
③ 学級がおばけだらけになったところで、このおばけを倒すためのパックマンが発動する。自

図5　ブラックハート

図6　グループワークで作ったおばけ

図7　各自で考えたパックマン

[特集] 思考ツールの生かし方・取組み方
～授業を「アクティブ」にする方法～
■ case 1 ■
「思考ツール」で道徳の授業をアクティブに

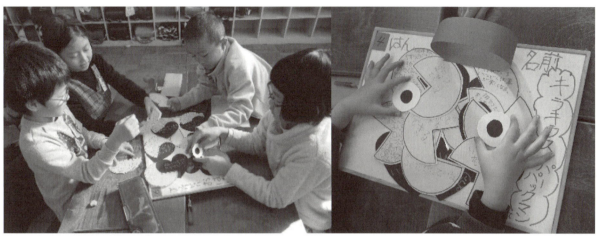

図8　パックマンを用いてグループワーク

分の中の弱い心を倒すにはどんな考え方や言葉が有効だろうか個人で考える。
④　各自で考えたパックマンを持ち寄ってのグループワーク。パックマンの言葉を発表しながらブラックハートを食べていく。おばけを倒すために、班で協力して活動している。最後は、指示を出していないが、ハートを食べつくしたパックマンに名前をつけて満足そうな児童たち。心の葛藤を乗り越えて人のために働くことの清々しさを体感できている。

思考ツールを「使う」ことで広がる創造性

前述した「思考ツール」を使うことで、児童が意欲的に取り組めることと、自然に友達と協力して課題解決するという利点がある。児童の振り返りには、「みんなで話し合えば、いい考えもいい言葉もいっぱい出てくるんだと思った」「友達を助けたり、助けられたり支え合っていくのが本当の友達だと気付いた」（内容項目　B「友情、信頼」）「たいへんなことも仲間がいれば楽しくなる。仲間がいれば仕事ができる」「友達と一緒に働くことによってその友達とすごく仲良くなる」「働く喜びは、自分のためになることとみんなのためになることだ」（内容項目　C「勤労、公共の精神」）といった言葉が挙げられた。「思考ツール」を操作しながら、アクティブに道徳的価値を追求することで、多面的で多角的に考えた新たな気付きがたくさん生まれてくる。児童の自発的な気付きの積み重ねが道徳性の成長へと結び付いていく。その気付きの積み重ねこそが道徳科の評価に値する。

それに加え、教師の想定を超える児童の新しい発想やアイディアが創り出されるということが、「思考ツール」を用いたアクティビティの魅力である。また、児童と共に授業を創造していく楽しさも味わえる。新学習指導要領「総則」に「豊かな創造性を備え持続可能な社会の創り手となることが期待される児童に」という文言がある。新しい未来の創造のために、教師自ら、豊かな創造性ある授業改善に取り組んでいきたい。

（東京都新宿区立落合第四小学校
主任教諭　梅澤　泉）

[参考文献]
・田中博之・梅澤泉・彦田泰輔『道徳ツールとアクティビティでできる「考え、議論する」道徳ワークショップ』明治図書、2018年

case 2

思考ツールと表現ツールで子供の学びを可視化

愛知県尾張旭市立旭中学校

思考の拡散と収束

本事例では、以下のツールを用いて授業を行った。

- 情報の整理・分析を目的としたウェビング（イメージマップ）

対象とするキーワードを中央に記入し、そこから関連する情報を広げていくイメージマップを、より授業のねらいに近付けるために、ルーブリック評価表とともにアイディアの視点を示した。

- 情報の価値の分析、自ら学ぼうとする力を高めるロジックツリー・ペイオフマトリクス

生徒の生活と学習の様子を、レーダーチャートで可視化させ、その結果を基に生徒自身でR-PDCAサイクルに沿って自律的に探究を進めていける学習を行う「家庭学習力アンケート」を活用した実践において、自分の課題発見のために真因を探求するためのロジックツリー、解決策を導くために効果と実行しやすさを2軸で表すマトリクス（ペイオフマトリクス）を使うこととした。

- 表現ツールとしての「はがき新聞」

限られた紙面に、自分の書きたいことをまとめて書くはがきサイズ大の新聞。これは、長い文章や自分の考えの中から、伝えたいことだけを言葉を選んで記事にして書くという要約する力が必要とされる。思考ツールで拡散させた思考を収束させ、個性的に表現し、アウトプットすることで授業をアクティブにすることができる。

評価項目/配点	0点	1点	2点	3点	4点
①自分の考えを明確にしているか	語数にかかわらず、自分の意見が述べられていない。	自分の意見だけで理由はない。	自分の意見を表す文と理由を表す文が各1文はある。	自分の意見について理由までつけた1文はある。	自分の意見について理由までつけた1文が2文以上ある。
②単語のつづりや文法は正しいか	文法・単語のミスが5カ所以上。	文法・単語のミスが4カ所。	文法・単語のミスが2～3カ所。	文法・単語のミスが1カ所。	文法・単語のミスがない。
③内容に応じて適切な段落にわけているか	ほとんど書いていない。	段落に分かれていないし、順序も乱れている。	段落に分かれていないが、順序立てて書いてある。	段落に分かれているが、順序が乱れている。	段落に分かれていて、順序立てて書いてある。
④生い立ちや業績を詳しく紹介できているか	<u>生い立ち、業績</u>についての紹介が5文以下。	<u>生い立ち、業績</u>についての紹介が（関係代名詞の文はないが）5文以上ある。	<u>生い立ち、業績</u>についての紹介が（関係代名詞の文も含め）5文以上ある。	<u>生い立ち、業績</u>はあるが、<u>影響・社会的評価</u>は片方しかない。	その人物が与えた<u>影響、社会的評価、生い立ち、業績</u>がある。
⑤はがき新聞（加点）レイアウト、バランス		イラストがあり、下段までバランス良く収まっている。	レイアウトや色使いに工夫があり、バランス良く収まっている。		

資料1　ポイントを押さえて書けるように示したルーブリック評価表

はがき新聞で学習を「見える化」

（1）英語のはがき新聞

〈第3学年　単元名：Striving for a Better World（関係代名詞を用いて偉人の紹介を行う単元）〉

　学習のまとめとして発展的に人物紹介レポートを書くこととした。下書きを書く際、ポイント（その人物が与えた影響、社会的評価、生い立ち、業績等）を押さえて書けるようにルーブリック評価表（**資料1**）を示し、内容の充実をねらった。

　資料2は、第二次世界大戦時下の外交官、杉原千畝について書いた生徒Aのイメージマップである。ルーブリック評価表に示した4つのポイント、「その人物が与えた影響」「社会的評価」「生い立ち」「業績等」ごとに紙面を4分割し、アイディアを広げている様子が分かる。完成した作品（**資料3**）においても、その4つのポイントが英語で押さえられていて、人物紹介レポートとして、表現力豊かに仕上がっている。また、授業後の生徒の反省からは、「自分で一人の人物のことを細かく説明するなんて、日本語ならともかく、英語でなんかできるわけないと思っていました。しかし、こうして自分がこんなに文章を書けて、書く能力がすごく伸びたと実感できました」と

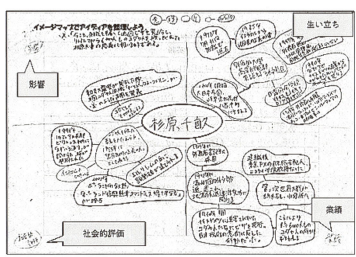

資料2　4分割でアイディアを広げられるように工夫したイメージマップ

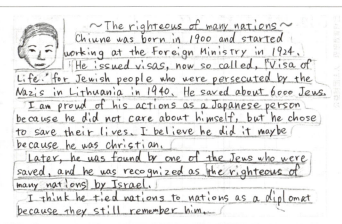

資料3　人物紹介レポートとして書いた「はがき新聞」

あった。この生徒は、ルーブリック評価表という補助輪を頼りに進めていくことで、学習のゴールという見通しをもつことができ、学習を継続させていくことにつながったと考える。

（2）決意表明型のはがき新聞（総合等）

〈第1学年　単元名：自分の生活と学習をデザインしよう（「家庭学習力アンケート」を活用し、自己診断・自己改善を図る単元）〉

　「家庭学習力アンケート」で明らかになった自分の課題をロジックツリー（**資料4**　資料内では「分解の木」と表記）で整理させた。MECE（Mutually Exclusive Collectively Exhaustive「相互に・もれなく／全体に・ダブりなく」）というロジカルシンキングの考え方を活用することで、自分の生活と学習における問題点の全体像の整理につなげることを意識し

case 2

た。**資料4**内の生徒は「夜ふかしをしてしまう」という問題点に対し、7つの原因を挙げ、さらにそれらについて、考えを広げ、真因の探求を行っている。また、**資料4**右側には、その真因を探求して明らかになってきた問題点の解決策を2軸（縦軸に効果、横軸に実行しやすさ）のマトリクス上に整理させた。これらを材料に決意表明型のはがき新聞（**資料5**）づくりを行った。

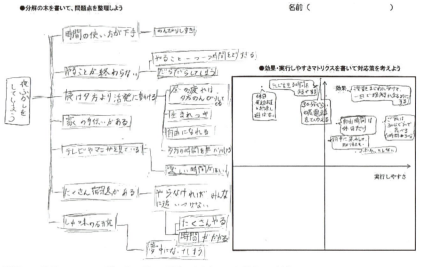

資料4　思考ツール　ロジックツリー（左）ペイオフマトリクス（右）

生徒支援の工夫

・「はがき新聞」の負担感への工夫
　資料6は学習の振り返りとして、3段を反省・改善点、中間評価、

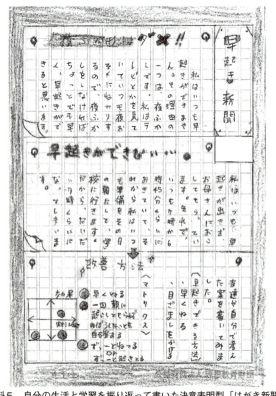

資料5　自分の生活と学習を振り返って書いた決意表明「はがき新聞」

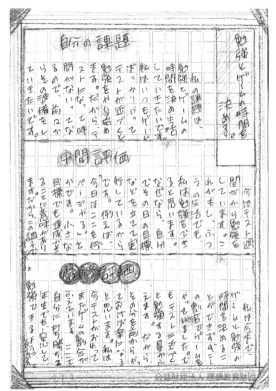

資料6　3回に分けて書いた「はがき新聞」

[特集] 思考ツールの生かし方・取組み方
～授業を「アクティブ」にする方法～
■ case 2 ■
思考ツールと表現ツールで子供の学びを可視化

最終評価の3回に分けてまとめさせた。こうすれば、生徒の書くことへの負担感も軽減できる。また、前述の**資料5**の下段のように、授業で整理したマトリクスをそのまま使うことも同様の効果がある。また、書くための視点（**資料7**）を示すことで、課題を抱える生徒への支援にもつながる。

・話し合いの可視化ツールとしての「話し合いマニュアル」

学びを個で閉ざさないために、小グループで課題を共有し、お互いにアドバイスし合う機会を設けている。円滑に行うために、話し合いの目的から、流れ、話型まで示した話し合いマニュアル（**資料8**）を基に活動を行っている。

「型」で学力を保障する

言うまでもなく、思考ツールとは思考の型である。学力的に課題がある生徒にとって、こういった型なしで、思考することは時に困難を極める。型が学習の補助輪となり、最低限の力を保障する手助けとなる。表現の型としてのはがき新聞も同様である。思考ツールで拡散した思考を、収束させる表現ツールとして、個性的に自己表現できるはがき新聞の効果は、個性の保障ができる点にあるとも言えるかもしれない。また、学び方

「自分の生活と学習をデザインしよう」新聞を作ろう！

書く内容を決めよう

○マトリクスで書いた対応策（かっこいい見出しを考えよう）
○自分の勉強・生活の目標、課題
○データ（数字、グラフ）を入れよう
○家庭学習力アンケートの結果に対する自分の分析、考察
○テスト勉強のまとめ（かっこいい見出しを考えよう）
○保護者や友だちのアドバイスも入れてみる。（取材をすると新聞らしくなる！）
○家庭学習力アンケートの結果や「自分の生活と学習を…」プリントやテスト計画表も参考に
●これまでの取り組みの成果と課題

こんなのを入れてみよう！

資料7　「はがき新聞」を書くために与えた視点

◆話し合いの進め方◆

1　話し合いの目的を確認する

司会者　「では、話し合いを始めます。課題は【自分の生活と学習をデザインしよう】です。」

2　意見を出し合う（①「あなたの得点について」）

司会者　「まず、自分の得点を見て気づいた、良い点と改善したい点を、自分のグラフをみんなに見せて、説明しながら発表してください。」
　　　　「では、まず（　　　）さんから、どうぞ。」
発表者　「私（僕）の得点を見て気づいた点で、まず良い点は○○です。そして改善したい点は××です。」

3　意見を出し合う（②「クラスの得点について」）

上の「2」を参考に

4　「分解の木」、「効果・実行しやすさマトリクス」で対応策を発表する

司会者　「分解の木」で整理した問題点、「効果・実行しやすさマトリクス」で考えた、みなさんの対応策を発表していきましょう。

資料8　話し合いマニュアル

の型としての「家庭学習力アンケート」や「ルーブリック評価表」「話し合いマニュアル」は、オーセンティック（真正的）な学びへの橋渡しを行うものでもある。これらの型＝ツールを整理し、意図的・計画的に使うことで授業をアクティブにデザインすることが「主

体的・対話的で深い学び」を実現させるために必要であると考える。また、そのことを楽しめる教師、その楽しさを伝えることができる教師であることも、これからの授業づくりで大切なポイントではないだろうか。　　　（教諭　彦田泰輔）

学校教育・実践ライブラリ〈Vol.7〉　31

reference

使える思考法2選

1　オズボーンのチェックリスト

　アメリカの広告エグゼクティブで、ブレインストーミングの考案者でもあるアレックス・F・オズボーンによって考案されたアイデア発想法です。

　そのチェックリストは、①転用できないか？　②応用できないか？　③変更できないか？　④拡大できないか？　⑤縮小できないか？　⑥代用できないか？　⑦再利用できないか？　⑧逆転できないか？　⑨結合できないか？　といった9項目の問いかけがあり、それぞれに、より具体的なアイデアを促す計73質問によって構成されます（実際には71質問となっていますが、これは「オズボーンのアイデア創出73質問」として知られています）。

　強制的にアイデアを出させる手法として、商品やサービス開発の分野などで使われる思考法の一つです。

　メモ用紙から⑤縮小できないか？　で付箋紙が生まれ、④拡大できないか？　でフリップチャートとなるといったように（三谷宏治著『[超図解] 三谷教授と学ぶ「拡げる」×「絞る」で明快！　全思考法カタログ』）、発想を広げるツールとして役立つ手法です。

　学校現場においては、プロジェクト型の学習や行事の企画、校務運営などに効果がありそうです。

オズボーンのチェックリスト（73質問は抜粋）

テーマ：

①転用できないか？
- 他に使い道はないか？
- 新しい使い道はないか？
- 他の分野で適用できないか？

②応用できないか？
- 他に似たものはあるか？
- 過去に似たものはないか？
- 何かの真似はできないか？

③変更できないか？
- 変えたらどうなるか？
- 新しいひねりはないか？
- 意味、色、音、匂い、形などは変えられるか？

④拡大できないか？
- 拡大できないか？
- 何か加えられるか？
- 大きくできるか？　・長くできるか？

⑤縮小できないか？
- 縮小できないか？
- 何か減らせないか？
- 小さくできないか？　・軽くできないか？

⑥代用できないか？
- 他のもので代用できないか？
- 他のプロセスはないか？
- 他の人、物、場所で代用できないか？

⑦置換できないか？
- 入れ替えたら？
- アレンジをし直したら？
- 部品、型、成分を入れ替えたら？

⑧逆転できないか？
- 逆にしてみたら？
- 順番を変えてみたら？
- 前提を変えてみたら？

⑨結合できないか？
- 組み合わせてみたら？
- 目的を組み合わせてみたら？
- アイデアを組み合わせてみたら？

＊テーマを決めて、マスの中に思いついたことを書き込んでみましょう。

[特集] 思考ツールの生かし方・取組み方
～授業を「アクティブ」にする方法～
■ reference ■

2 マンダラート

　マンダラートは、3×3の9マスにテーマを書き込みながら発想を広げていく思考法で、1987年にデザイナーの今泉浩晃氏によって考案されました。3×3の中心ブロックから、放射線状に発想を広げる形態が曼荼羅に似ていることから「マンダラート」と命名されたといいます。

　具体的には、81マスからなる四角形の中心にテーマを書き、その周りの8マスに核となるアイデアを書き込んでいきます。それぞれの核となるアイデアに即して、周辺の9マスのブロックに、より具体的なアイデアを書き込んでいくというのが一般的な方法です。

　メジャーリーグ・エンゼルスの大谷翔平選手が、花巻東高校時代に、「ドラ1になる」（ドラフト1位になる）をテーマに、①「コントロール」、②「メンタル」、③「運」など目標達成のための核となる9事項を決め、それぞれに①「下肢の強化」「リリースポイントの安定」、②「勝利への執念」「仲間を思いやる気持ち」、③「ゴミ拾い」「応援される人間になる」などといった具体的な取組事項をまとめた、いわゆる「大谷マンダラート」が注目され、目標設定などにも使えることが知られて、活用が広がりました。学校現場では、高知県高知市立城東中学校の大谷俊彦校長が、本山町立嶺北中学校長時代に、学校経営にこれを取り入れ「学校経営マンダラート」を考案しています。現在では、学校経営のみならず、教科教育、学級づくり、夏休みの過ごし方など、多様に応用され、教職員から児童生徒までが使える思考法として活用されています。大谷校長は、81マスを埋めるのが難しければ、9マスだけの"簡易版マンダラート"から始めてみることも推奨しています。

＊学校向けマンダラートについての詳細は、『「学校経営マンダラート」で創る新しいカリキュラム・マネジメント』（ぎょうせい、2019年）を参照ください。

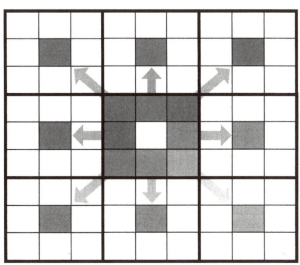

大谷校長が本山町立嶺北中学校で作成した「学校経営マンダラート」　　マンダラートの基本形。テーマを決めてマスを埋めてみてください。

〈編集部〉

message

思考ツールの活用から判断力・表現力の育成につなげる工夫

東京都西東京市立けやき小学校副校長
三田大樹

「思考スキル」とそれを発揮させる学習活動の明確化

　「○○について考えましょう」と伝えただけでは、子供はどのように考えたらよいのかイメージがもてず困惑する。子供が自ら考えるためには、授業のねらいに即した「思考スキル」が何であるかを前提として（**表1**）、それを発揮する具体的な学習活動を明確にしなければならない。教師が思考スキルを意識することで、例えば、教師の指示・発問は、「AとBを比べましょう」や「AとBの関係を見付けましょう」となり、子供にとっては「どのように考えるのか」が格段に分かりやすくなる。併せて、思考スキルを発揮できるように思考ツールを適切に用いることで、子供自ら考え、考えたことを基に判断したり、表現したりする学習活動を具現化する。

子供の判断力・表現力を育む思考ツールの活用

　教師は授業を構想する際に、次の要素をあらかじめおさえるようにしたい。
（1）子供が学ぶ目的を明確にしたり、子供にとってリアリティのある課題を設定したりする。
（2）授業終了時のゴールイメージを定める。
（3）（1）と（2）をつなぐ学習活動をできるだけ具体的にする。
　次の作文は、宮澤賢治の「やまなし」を朗読する際に書いた子供Aの読みのめあてである（第6学年国語）。

表1　思考スキルごとの情報の処理方法

思考スキル	情報の処理方法
比較する	複数の対象について、共通点や相違点を明らかにする。
分類する	複数の対象について、ある視点から共通するものをまとめる。
関連付ける	複数の対象の関係を見付ける。
多面的に見る・多角的に見る	対象を複数の視点から見たり、対象を異なる複数の角度から捉えたりする。

参考：「小学校学習指導要領（平成29年告示）解説　総合的な学習の時間編『考えるための技法』」

【子供Aの「朗読のめあて」】
　僕は、宮澤賢治の自然を大切にする思いを大切にして読みたいと思います。賢治は、イーハトーヴにもあったように自然が好きでした。賢治の全ての作品には、自然を大切にする思いが書かれていました。つまり、賢治が本を通して伝えたいことは、自然を大切にしてほしいということだと思います。だから、僕は、自然を大切にする賢治の思いを大事にして読みたいです。それと、賢治のほとんどの作品で対比して表現しているそのほとんどが、前半は暗く、後半は明るい場面で構成されています。これは、賢治の人生の理想と現実が書かれているのだと思います。なので、理想と現実の世界の違いが出せるように読みたいと思います。

　子供Aは上記のめあてに至るまでに、①マトリク

[特集] 思考ツールの生かし方・取組み方
～授業を「アクティブ」にする方法～
■ message ■

ス・チャートを使って賢治の様々な作品を「表現技法」「作者の気持ち」「対比」の３つの視点で比較し、ここで分かったことを基に、②ピラミッド・チャートを使って自らの考えを練り上げた（**写真１**）。思考ツールを活用した具体的な学習活動を位置付けることで、多様な視点から整理・分析し、自らの朗読のめあてを根拠を踏まえて文章で表した。

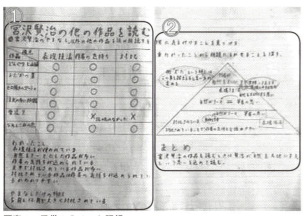

写真１　子供Ａのノート記録

また、この授業の終末には、「表やピラミッドを使うことによって、自分たちの意見がまとまったと思う。今回の話合いでは、僕は、いつもよりもたくさん、そして、深く意見を言うことができた」と振り返っており、思考ツールの活用によって、自らの学び方についても自信を深めている様子もうかがわれる。このように子供の学びの目的に応じて思考スキルを繰り返し発揮する経験を積むことは、場面や状況に応じて自在に使える汎用的な能力へと思考スキルを高めていくことにもつながっていく。

対話的な学びを支える思考ツールとファシリテーターとしての教師の役割

思考ツールは、情報を「可視化」「操作化」して整理でき、話し合った形跡も比較的残りやすいため、対話的な学びの場面を活性化する。このとき、教師は、子供の発話の「量」以上に子供の発話の「質」に着目しなければならない。例えば、自分だけでは知り得ない多様な情報を獲得したり、相手に伝えるために考えを精選したり、相手の考えに触発されて新たな考えを生み出したりする子供の姿に意識を向ける。このように、自分の知識や情報を、他者と比べたり、関連付けたりして、自らの考えを再構成していく際に思考ツールは有効に働く。とはいっても思考ツールは万能ではない。教師は、子供たちの学び合いを促進するファシリテーターとしての役割を果たすことが重要である。子供の考えを受け入れ、「なぜですか」「どうしてですか」と聞いたり、子供同士のやり取りをつないだりして学び合いを支援していく。また、事前の準備も対話的な学びを支える上で重要である。例えば、次のようなことが考えられる。

□対話に必要な情報を、子供がどの程度獲得しているのかを把握する。

□授業のねらいに即した適切な思考ツールを選択する。

□話合いの時間、対話の人数、形態を吟味する。

□対話後に個で振り返る場面を保障する。

思考スキルを意識し、それが発揮できる具体的な学習活動を見通すということは、まさに教師にとっての新たな授業づくりへの意識改革を図ることである。

【参考文献】

- 田村学・黒上晴夫『深い学びで生かす思考ツール』小学館、2017年
- 『授業力＆学級経営力』（９月号№114）明治図書、2019年

Profile

みた・ひろき　前・新宿区立大久保小学校主幹教諭、日本生活科・総合的学習教育学会常任理事、「小学校学習指導要領（平成29年告示）解説　総合的な学習の時間編」専門的作業等協力者、R1評価規準、評価方法等の工夫改善等に関する調査研究協力者。

実務から教養まで。新教育課程に向けて、今なにをすべきかがわかる待望のシリーズ!

スクールリーダーのための12のメソッド

学校教育・実践ライブラリ

A4判、本文100頁(巻頭カラー4頁・本文2色／1色刷り)

ぎょうせい／編

各 巻 定 価(本体1,350円＋税)各巻送料215円
セット定価(本体16,200円＋税)送料サービス

2019年4月より
毎月下旬発行
全12巻

現場感覚で多彩な情報を発信

日々の学校づくり・授業づくりをみがく理論と実践のシリーズ

最重要課題を深く掘り下げる　各月特集テーマ

- ❶(4月配本) 学校の教育目標を考えてみよう ~学校目標から学級目標まで~
- ❷(5月配本) 評価と指導 ~全面実施直前・各教科等の取組課題~
- ❸(6月配本) これからの通知表のあり方・作り方を考える
- ❹(7月配本) 働き方で学校を変える ~やりがいをつくる職場づくり~
- ❺(8月配本) 校内研修を変えよう
- ❻(9月配本) 先進事例にみるこれからの授業づくり ~「見方・考え方」を踏まえた単元・指導案~
- ❼(10月配本) 思考ツールの生かし方・取組み方 ~授業を「アクティブ」にする方法~
- ❽(11月配本) 気にしたい子供への指導と支援 ~外国につながる子・障害のある子・不登校の子の心をひらく~
- ❾(12月配本) 特別活動のアクティブ・ラーニング
- ❿(1月配本) 新課程の学校経営計画はこうつくる
- ⓫(2月配本) 総合的な学習のこれからを考える
- ⓬(3月配本) 英語・道徳の総チェック ~全面実施の備えは万全か~

＊各月特集テーマは変更する場合があります。送料は2019年9月時点の料金です。

●本書の特長●

① "みんなで創る"
授業づくり、学校づくり、子供理解、保護者対応、働き方……。
全国の現場の声から、ともに教育課題を考えるフォーラム型誌面。

② "実務に役立つ"
評価の文例、校長講話、学級経営、単元づくりなど、現場の「困った！」に応える、分かりやすい・取り組みやすい方策や実例を提案。

③ "教養が身に付く"
単元とは、ユニバーサルデザインとは、など実践の土台となる基礎知識から、著名人のエッセイまで、教養コーナーも充実。実践はもちろん教養・癒しも、この1冊でカバー。

●充実の連載ラインナップ●

創る　create
- 田村学の新課程往来【田村　学〈國學院大學教授〉】
- 学びを起こす授業研究【村川雅弘〈甲南女子大学教授〉】
- 講座　単元を創る【齊藤一弥〈島根県立大学教授〉】　ほか

つながる　connect
- UD思考で支援の扉を開く　私の支援者手帳から【小栗正幸〈特別支援教育ネット代表〉】
- 学び手を育てる対話力【石井順治〈東海国語教育を学ぶ会顧問〉】
- ユーモア詩でつづる学級歳時記【増田修治〈白梅学園大学教授〉】　ほか

知る　knowledge
- 解決！ ライブラちゃんのこれって常識？ 学校のあれこれ
- 本の森・知恵の泉【飯田　稔〈千葉経済大学短期大学部名誉教授〉】
- リーダーから始めよう！ 元気な職場をつくるためのメンタルケア入門【奥田弘美〈精神科医・産業医〉】

ハイタッチな時空間を味わう
- [カラー・フォトエッセイ] Hands〜手から始まる物語〜【関　健作〈フリーフォトグラファー〉】
- [エッセイ] 離島に恋して！【鯨本あつこ〈NPO法人離島経済新聞社統括編集長〉】
- [校長エッセイ] 私の一品〈各地の校長によるリレーエッセイ〉

●全国の先生方の声を毎月お届け●

ワンテーマ・フォーラム——現場で考えるこれからの教育

旬のテーマについて毎回、4〜5名の教職員が意見や想いを寄稿。
他校の取組のリアルや、各地の仲間の生の声が日々の実践を勇気づけます。

テーマ例
- 今年頑張りたいこと、今年のうちにやっておきたいこと（4月配本）
- 地域を生かす学校づくり・授業づくり（6月配本）
- 外国語（活動）——うまみと泣きどころ（7月配本）
- 子どもの感性にふれるとき（10月配本）

●お問い合わせ・お申し込み先
㈱ぎょうせい
〒136-8575　東京都江東区新木場1-18-11
TEL：0120-953-431／FAX：0120-953-495
URL：https://shop.gyosei.jp

解決！ライブラちゃんの
これって常識？ 学校のあれこれ

会社ではないのにどうして学校「経営」と言うの？ ［後編］

ライブラちゃんは、校長先生が「ガッコウケイエイ」という言葉を何度も口にするのを耳にし、「なぜ、会社でもないのに『ケイエイ』というんだろう」と思い、学校経営に詳しい天笠茂・千葉大学特任教授を訪ねました。そこでは、「ガッコウケイエイ」にまつわる、深い話を聞くことになりました。「学校経営」という言葉が大正時代からあったという話、お上主導から、現場が自立する志をもって「学校経営」という言葉を生み出した話。難しいけれど、大変勉強になったライブラちゃん。後編では、現代に話を移し、令和の時代に求められる校長像などを聞きました。

校長の在任期間

前回は、「学校経営」という言葉がいつごろ登場したのかについて、その経緯とともに見てきました。今回は、現代の学校経営者群像を見ていきながら、これからの学校経営について考えてみたいと思います。

一つ着目してみたいのは、校長がどれだけの期間、その学校に在職したかということです。現在は、おおむね2、3年で他の学校に転任するというのが人事の原則として定着していますが、その中にあって、長く1校で校長を務めるケースが見られます。そして、そうしたケースでは、しばしば一つのことを為す、あるいは何か大きな成果を上げるといった校長がいます。そこには、その校長に確かなマネジメントがあるという評価があり、そのために結果、長く在任するということがあります。もちろん、2、3年で異動する校長に力量がないということではありません。ただ、一つの足跡を残す校長には、長い在任期間をもつ人たちがいるということです。

時代とキャッチボールをした校長たち

ここでは、記憶に留めたい二人の校長を紹介します。一人は、京都市立御所南小学校の村上美智子校長です。1996年から12年間、同校で校長を務められました。この間、文部省（当時）の研究開発学校の指定を受けて、「総合的な学習」の研究を進める一方、2002年には文部科学省より「新しいタイプの学校運営に関する実践研究」の指定も受けてコミュニティ・スクールの研究に取り組みました。さらには、小中一貫教育を進める中で独自の教科「読解科」を創設するなど、現代的教育課題に果敢に取り組んだ校長です。その取組は、「総合的な学習の時間」の創設や、コミュニティ・

スクールの運営手法、読解力の育成といった現在の学習指導要領や学校経営に大きな影響を与えました。また、村上氏は、教頭をはじめ教職員を積極的に市内外の視察や研究会に派遣するなど、ミドルリーダーの育成にも力を注ぎました。まさに、現在に至る時代の扉を開けた校長と言えるでしょう。

　もう一人は、広島県呉市立五番町小学校の長岡利生校長です。1999年から8年間、同校の校長として、1中2小による小中一貫教育の研究を牽引した方です。現在、小中一貫教育では一般的な形となった4・3・2制を創案したのも、この校長の元であったわけです。子どもの発達過程を見据えながら、丁寧な実証研究を行い、小中一貫教育はカリキュラムの一貫であることを提案した方でもあります。そして、その原動力となった小中一貫教育コーディネーターといった新たな人材を生み出しました。現在の小中一貫教育はほぼ、ここの研究開発が原型となっているといっても過言ではありません。

　村上氏はトップリーダー型、長岡氏は調整型といった違いはありますが、共通しているのは、時代の要請を受け、自らのマネジメント力や構想力によってインパクトのある提案を行った点で、時代とキャッチボールをした校長と言えるでしょう。

　もちろん両氏とも、もともと長い在任期間を約束されていたわけではありません。自身のポリシーを実現していきながら、1年1年の積み重ねによって、結果的に長い在任期間となったわけですが、このように一つのことを為す、一時代を築くということのためには、長い期間を必要とするのかもしれませんね。

——素晴らしい人たちですね。

令和時代が求める校長像とは

では、令和時代の校長ってどんな人がよいのかな。

　そうですね。端的に言えば、世の中とのつながりに目配せできる校長でしょうか。さらには、教師の目も世の中に向けていけることが求められると思います。

　平成の時代にはコミュニティ・スクールや地域学校協働本部が求められました。それは裏を返せば、学校が社会とのつながりが弱くなってきたということです。それを取り戻すというのが令和の時代の課題だと思います。つまり、これからの校長には、コミュニティ・スクールを動かせるマネジメント力が求められるということです。「社会に開かれた教育課程」が言われる中、それをどれだけイメージ豊かにもってグランドデザインを描き、学校のリーダーたり得ることがきるか、それがポイントとなると思います。

　社会が求めるリーダーとして、これからの校長には頑張ってもらいたいですね。

天笠　茂 先生

昭和25年生。筑波大学大学院博士課程単位取得退学。千葉大学教授を経て平成28年より現職。専門は学校経営学、教育経営学など。中央教育審議会をはじめ各種委員等を務める。主著に『学校経営の戦略と手法』など。

本の森・知恵の泉
[第7回]

時代を映す学校給食
『給食の歴史』

学校給食の歩みを知る

新書版の本書は、学校給食の歴史をコンパクトにまとめる。学校給食を歴史的に、①貧困、②災害、③運動、④教育、⑤世界の5つの視角から鳥観。Ⅰ萌芽期、Ⅱ占領期、Ⅲ発展期、Ⅳ行革期に分けて論述する。あらためて、給食の歩みをいくつも考えさせてくれた。

学校給食は、㋐大人が子供に行使する権力の温床である現実、㋑子供の生を開花させ、命をつなぐ現実。これを承知して、この本を読み進めよう。脱脂粉乳、先割れスプーン、三角食べ、コッペパン、鯨肉、米飯給食などと、いくつもの思い出があるだろう。子供の時代がいつであったか、育った地域がどこであったかで、思い出に違いがある。

さらに、自校方式、センター方式と、給食方式の違いもある。給食ハラスメント（過剰な完食指導）に、困った人もいたはずである。これからの給食は、どうあったらいいのだろう。

太平洋戦争時代の給食

私は、太平洋戦争時代の学童である。本書第2章に書かれている給食は、私の体験でもある。1943（昭和18）年になると、学校での弁当盗難が続発した。私も、弁当を食べられてしまった被害者の一人だ。東京都金富国民学校（現・文京区立金富小学校）を例にすれば、週に数回、味噌汁給食（野菜入り）が実施された。児童はその日は、汁椀を持って登校する。食料不足への、都（区）の対応であったか。

そして翌年の1944（昭和19）年になると、6大都市の国民学校児童に、給食が実施される。本書に書かれているが、1人コッペパン1個が支給された。日によっては、蒸しパンが渡されることもあった。このコッペパンを、弟妹に食べさせたいと、持ち帰る友もいたのだから、コッペパンが、子供の生の維持に貢献したとも言える。小麦粉と麸（ふすま）まじりのコッペパンは貴重であった。

戦後の給食を思い出す

話は、戦後の1950年代に飛ぶ。私は、千葉の附属小学校へ若い教師として赴任した。この学校の給食は、自校方式であり、当時としては高水準の給食であった。それでも、食缶に脱脂粉乳を湧かして配食。パンはコッペパン、ジャム等はボールに1学級分を入れて配り、給食当番がそれを分けて配ったから、今日と様相が異なる。

やがて、パンは食パンになり、ジャム等も個別にパック入りとなり、牛乳が配られるようになる。本書の第4章である。私は、この自校方式の給食で28年間を過ごした。そして、1980年代に、千葉県浦安市に校長として赴任。ここでは、センター方式による給食であった。この給食で3年間を過ごしたが、自校方式と違うことに愕然とした。給食とは申せ、これほど違うかとの思いであった。

『給食の歴史』
藤原辰史 著
岩波書店

いいだ・みのる　昭和8年東京・小石川生まれ。千葉大学で教育学を、法政大学で法律学を学ぶ。千葉大学教育学部附属小学校に28年間勤務。同校副校長を経て浦安市立浦安小学校長。62年4月より千葉経済大学短期大学部に勤務し教授、初等教育学科長を歴任。この間千葉大学、放送大学講師（いずれも非常勤）を務める。主著に『職員室の経営学』（ぎょうせい）、『知っておきたい教育法規』（光文書院）、『教師のちょっとしたマナーと常識』（学陽書房）、『伸びる芽育つ子』（明治図書）ほか共著・編著多数。

千葉経済大学短期大学部
名誉教授
飯田　稔

 ### 食を選ぶことを忘れた

短大の教師に転じたのは54歳のとき。しばらくの間は、昼食の時間が近付くと動悸がしてくる。どうしてだろう。昼に何を食べたらいいか、自分で食を選ぶことを忘れてしまっていたのである。給食で暮らした31年は、昼食の自己選択・自己決定の能力を忘れさせたか。

短大の学食であれ、メニューを見て、自分で食を選ばなければならない。地域によっては、給食のメニューを複数にして、選択・予約の制度を取り始めていると聞く。これを考えることはできないだろうか。その前に、センター方式を自校方式と同様にしなければならないこともある。

給食費の集金をどうするか、未納者への督促をだれがするか。問題は山積している。教育現場の悩みに、どう対処するかである。すぐには解決できそうもないのだが……。

 ### いくつかできそうなことを

これからの給食は、第6章の「見果てぬ舞台」の「給食の来し方行く末」になるか。この章に目を向けながら、私の考えを述べる。

給食の改良・改善には"お金"がかかる。国や地方の財政が苦しい今、何が実現できるか。まず、食堂（ランチルーム）を設けることだ。この国の教室は、児童生徒の㋐学習の場、㋑生活の場、㋒食事の場、㋓休息の場、㋔作業の場と、多様に使われている。児童生徒数が減少した当今、地域によっては余裕教室も生まれている。ランチルーム設置の好機だろう。費用をかけ手を加えよう。

だが、児童生徒数の減少により、その一人当たりの清掃面積が増加していることも考えよう。清掃用具の改善や新規購入によって、清掃の方式を変えるなど、細かな心配りを要する。

異年齢（学年）混成の、ファミリー給食も実施したい（242ページ）。しかし、これには、時程を守ることが必須の要件だろう。やはり、カリキュラム・マネジメントと、各教師の心配りが求められる。そして、欠食児への朝食支給などは、これからの児童福祉の大きな課題となるべきではないか。給食は、子供の生存をおいしい食事で確保することである。そして、食はあらゆる学びの基本でもあることを忘れてはなるまい。

リーダーから始めよう！
元気な職場をつくるためのメンタルケア入門 [第7回]

ストレスに対抗するための心の基礎体力づくり② 「睡眠」

精神科医（精神保健指定医）・
産業医（労働衛生コンサルタント）
奥田弘美

前回に引き続き「心に、ストレスに対抗する体力をつける」という観点から、今回は睡眠の重要性についてお伝えしたいと思います。

睡眠は体と心の健康の最も基盤となる大切な行為です。しかし働く人の中には、睡眠を軽視している人が少なくありません。

その結果、うつ病やパニック障害などの心の病気や眩暈、胃腸障害、ひどい頭痛などの身体不調に至る人も存在します。

人は睡眠中にただ体を休めているだけではなく、次のような心身の重要なメンテナンスを行っていることをまずはしっかりと理解しましょう。

● 睡眠中に行われる心身のメンテナンスとは？

①身体面へのメンテナンス

・前日の体の疲れを解消する。

体全体の疲労を回復させる重要な物質（疲労回復物質や成長ホルモンなど）はすべて、睡眠中にもっとも効果を発揮するしくみになっています。

・免疫機能を活性化し、あらゆる病気にかかりにくくする。

ウィルスをやっつけるリンパ球は睡眠中に産生され活性化します。睡眠不足が続くと免疫が低下するため、感染症にかかりやすく、かつ重症化しやすくなります。

また健康な人の体でも、1日約5000個の癌細胞が生まれているといわれていますが、睡眠中にリンパ球が癌細胞を攻撃し、死滅させてくれています。

よって睡眠が不足すると癌も発生しやすくなります。

また睡眠不足が続いている人は、高血圧や糖尿病になりやすいこともわかっています。

②メンタル面（脳機能面）へのメンテナンス

・脳の疲れをとり、記憶力、集中力、学習力をアップさせる。

睡眠不足になると、思考力、集中力、記憶力などの低下がおこり、作業効率が著明に落ち、ミスが発生しやすくなることがわかっています。

・記憶の整理が行われ、感情を調え安定させる。

脳は、睡眠中に必要な記憶は残し、不必要な記憶や不快な感情は薄めることで、心を安定させます。

睡眠が不足すると、ネガティブな感情がいつまでも残り、抑うつやイライラ、不安を感じやすく感情が不安定になります。

この状態が続くほどメンタル不調が発生しやすくなっていきます。

● 良質かつ十分な睡眠時間を確保するためには？

これらの素晴らしい睡眠効果を十分に発揮するためには、最低でも6〜7時間は連続して睡眠をとる必要があるとされています。

レム睡眠とノンレム睡眠のセット（約90分）を最低4セット、連続して繰り返さないと、上述した睡眠中の心身のメンテナンスが十分に行えないからです。

また深く良質な睡眠をとるためには、睡眠に入る前の時間にリラックスして心身の緊張と解いておく必要があります。

就寝の2〜3時間前からは、「安眠のための大切な導入時間」として意識して、次のことに気をつけて過ごしてください。

●おくだ・ひろみ　平成4年山口大学医学部卒業。都内クリニックでの診療および18か所の企業での産業医業務を通じて老若男女の心身のケアに携わっている。著書には『自分の体をお世話しよう～子どもと育てるセルフケアの心～』（ぎょうせい）、『1分間どこでもマインドフルネス』（日本能率協会マネジメントセンター）など多数。

①寝る1～2時間前からは、スマフォやゲーム、SNSなどのIT機器に触れない。

　IT機器のブルーライトや画面の激しい動き、SNSの不安定な文字だけのコミュニケーションなどはリラックスを阻害し、不眠を誘発しやすくなります。

②ゆったりと夕食、穏やかに団らん、入浴などを楽しむ。

　食事をゆったり食べる、穏やかに団らんや入浴を楽しむことは、交感神経の緊張をほぐし副交感神経を活性化させて質の良いリラックスを促進します。

③夕方からはカフェイン飲料を避ける。

　コーヒー、紅茶、緑茶などのカフェインは約5時間は覚醒効果が続くとされています。夕刻からは飲まない方が無難です。代わりに麦茶・ハトムギ茶・ハーブティーなどのノンカフェイン系飲料がおすすめです。

④寝る2～3時間前からは食べない。

　また寝る直前まで食事をすると胃腸の動きが活発化して眠りを阻害しますので、夕食は寝る時刻の2～3時間前に摂り終えるのが理想です。

　残業でどうしても遅くなる場合は、思い切って職場で夕食を済ませてしまう方が、質の良い睡眠が確保できます。

⑤適度な飲酒を心がけ、寝る3時間前からはアルコールを飲まない。

　アルコールは睡眠の質を悪化させ、熟睡を阻害することがわかっています。

　晩酌する場合は、適量飲酒量（ビールならば750ml程度、日本酒ならば1合、ワインならばグラス2杯程度）に留め、眠る約3時間前には飲み終えるようにすると、アルコールがほぼ代謝された状態で眠ることができます。

　上司にあたる方は、部下がきちんと睡眠をとれているか時々ヒアリングしてみてください。

　長時間残業や持ち帰り仕事が多い人は、睡眠が十分にとれていないため心身の不調が発生しやすくなります。

　働き方改革で残業時間の規制が厳しくなった根本の理由も、睡眠時間をしっかり確保して働く人の心身の健康を守ることにあります。

　管理職の皆さまには、ご自身はもとより部下の睡眠状況を常に考えつつ、適切な仕事量を管理監督していただきたいと思います。

田村 学の
新課程往来
［第7回］

カリキュラムをデザインすること

　新しく使用する教科書の採択が確定したころかと思います。学習指導要領が改訂され、文部科学省から各教科等の解説が示され、説明会やセミナーに参加していても、「なんとなくピンとこないなあ」と思っていた方もいるのではないかと思います。そんな方も、新しい教科書を目の前にし、「この教科書で授業をするのか」などと考え始めると、全面的に実施する学習指導要領が、かなり身に迫ったリアルなものとして感じられてくるのではないでしょうか。

　さらには、そうした教科書に応じた年間指導計画や単元計画の作成業務が始まると、その思いは、一層はっきりしてくるものと思います。今現在、各学校やそれぞれの地域では、新しい教科書に対応したカリキュラムをデザインする作業が始まろうとしているのではないかと思います。このカリキュラムをデザインすることこそが、今回改訂のキーワードであるカリキュラム・マネジメントの中核と考えるべきではないかと思っています。

カリキュラムのデザインから始めよう

　実際の社会で活用できる資質・能力を育成する「主体的・対話的で深い学び」を実現するには、単位時間がどのような単元に位置付いているかを抜きにして考えることは到底できません。また、その単元は、どのような年間の位置付けになっているかという年間指導計画を知らずして考えることも難しいはずです。さらには、そうした1時間の授業や単元構成、年間指導計画が、全ての教科等においてどのように配列され構成されているかを俯瞰することなく語ることもできないのではないでしょうか。もちろん、そうしたカリキュラムが、どのような教育目標を受けているかを考えることは当然であり、いかにカリキュラムをデザインしていくかが問われています。そして、そのことが「主体的・対話的で深い学び」を実現することに大きくつながるのです。

　その点から考えるならば、中央教育審議会が示した「カリキュラム・マネジメント」の三つの側面の中でも、以下の一番目のカリキュラムのデザインに注目することが大切になるのではないでしょうか。

① 各教科等の教育内容を相互の関係で捉え、学校教育目標を踏まえた教科等横断的な視点で、その目標の達成に必要な教育の内容を組織的に配列していくこと。

カリキュラムのデザインには三つの階層がある

　カリキュラムをデザインする際には、大きく三つの階層が考えられます。
(1) 教育目標を踏まえつなぐグランド・デザイン（全体計画）
(2) 全単元を俯瞰し関連付ける単元配列表
(3) 学びの文脈を大切にした単元計画

　この（1）〜（3）の先に具体的な授業のデザインがあるわけです。

たむら・まなぶ　1962年新潟県生まれ。新潟大学卒業。上越市立大手町小学校、上越教育大学附属小学校で生活科・総合的な学習の時間を実践、カリキュラム研究に取り組む。2005年4月より文部科学省へ転じ生活科・総合的な学習の時間担当の教科調査官、15年より視学官、17年より現職。主著書に『思考ツールの授業』（小学館）、『授業を磨く』（東洋館）、『平成29年改訂 小学校教育課程実践講座 総合的な学習の時間』（ぎょうせい）など。

田村　学
國學院大學教授

（1）教育目標を踏まえつなぐグランド・デザイン

まずは、学校の教育活動全体を視野に入れカリキュラムを描くことが必要になります。

そこでは、子供の実態、学校や地域の特性、保護者や地域の願いなどを明らかにした上で、どのような子供の育成を目指すのかを明らかにし、教育目標を鮮明にする必要があります。多くの学校の教育目標は抽象的であったり、複合的であったりすることが多いです。そこで、各学校が定めている教育目標を具体的で分析的な育成を目指す資質・能力として描き直すことが大切になってきます。

こうして明らかにした資質・能力の育成に向けて、どのような教育活動を、どのような教育資源を利活用しながら、どのように実施していくのか。そして、それをどのように評価・改善していくのかをグランド・デザイン（全体計画）として明らかにしたいものです。

（2）全単元を俯瞰し関連付ける単元配列

次に、各教科等で行われる一つ一つの単元が、一年間でどのように実施されるのかを俯瞰する単元配列表を作成することが考えられます。

一人の子供の学びは、個別の教科内で閉じるものではなく、それぞれの学びが相互に関連付き、つながりあっているはずです。子供は、国語も算数も、音楽も体育も、総合的な学習の時間も学んでいくのです。そうした一人の子供の中で、学んだことがどのように関連付いていくのかを意識する上でも、一年間の全ての単元を配列し、それを俯瞰する単元配列表の作成は極めて重要なカリキュラム・デザインの作業となります。

例えば、理科の授業で算数の統計に関する学習が有効に働くことは多いのではないでしょうか。国語で学んだ話合いの方法を使って社会問題を議論することも考えられます。総合的な学習の時間には多様なテキスト情報から必要な情報を取り出すことも、様々な方法で情報収集することも、相手や目的に応じて表現することも頻繁に行われるはずです。そうした学びこそが、資質・能力の発揮・活用の場面であり、「深い学び」を実現することになると考えられます。こうした学習の場面では、学び手である子供の主体性も存分に発揮されるものと想像できます。なお、この単元配列表に関しては（株）文溪堂が簡単に作成できるサポート機能を提供してくれています。

（3）学びの文脈を大切にした単元計画

「主体的・対話的で深い学び」を実現しようとすれば、単位時間の授業のみならず、単元がいかにつながりのある連続したプロセスとして具体化しているかが大切になります。それは、問題解決のプロセスであり、解釈し形成するプロセスであり、構想し創造するプロセスでもあります。子供の学びのプロセスを意識して構成された単元では、学び手の子供は主体的になり、そこでは他者との学び合いも生まれ、学びの連続によって「深い学び」も実現できるはずです。そのためにも、子供の興味・関心と教師の願いとを丁寧に擦り合わせ、そこに生まれる教材や学習対象、学習活動を用意することが欠かせません。

資質・能力の育成に向けて、新しい教科書を参考にしながら、子供の学ぶ姿を思い浮かべ、カリキュラムをデザインしてみましょう。

関係性を知る、ごちゃごちゃ言う

東京学芸大学准教授
末松裕基

　今回も職場のコミュニケーションについて、特に、人間関係に注目してそれらを考えてみたいと思います。

　これまでの本連載の議論を振り返ってみると、まずは学校経営を学ぶ場合には、本を読むということの重要性を繰り返し指摘してきました。

　では、どのような本をどのような形で読んでいけばいいのでしょうか（授業や研修などで、本を読むことの重要性をわたしが伝えると、「どんな本を読んでいいかわからない」「どう本を読めばいいかわからない」と受講者から必ず質問・意見が出ます）。

　一見、ハウツー本のようなタイトルですが、実は読書論だけでなく、文学案内にもなっており、われわれがどのように本や文字情報に関わっていくかということについても深く考えさせられるものに『読んでいない本について堂々と語る方法』というものがあります。

　これはピエール・バイヤールというフランスの精神分析家が書いたものですが、文庫化もされていますので、ぜひ、手にとってみてください（ちくま学芸文庫、2016年）。

◆教養ある人間が知るべきもの

　彼は、本を読むに際して重要となることは、個々の本の内容だけではないとして、次のように述べています。

　「教養ある人間が知ろうとつとめるべきは、さまざまな書物のあいだの『連絡』や『接続』であって、個別の書物ではない。それはちょうど、鉄道交通の責任者が注意しなければならないのは列車間の関係、つまり諸々の列車の行き交いや連絡であって、個々の列車の中身ではないのと同じである。これを敷衍していえば、教養の領域では、さまざまな思想のあいだの関係は、個々の思想そのものよりもはるかに重要だということになる。」（32頁）

　なかなか興味深い指摘です。彼は続けて「教養があるとは、しかじかの本を読んだことがあるということではない。そうではなくて、全体のなかで自分がどの位置にいるかが分かっているということ（中略）本の内部とはその外部のことであり、ある本に関して重要なのはその隣にある本である」（33-34頁）とも述べています。

◆テクストとコンテクスト

　これは、本に書かれているある内容が単に重要かどうかということではなく、その本がどのような関係性や文脈に置かれて書かれ、また評価されたりしているかということが重要になる、ということです。

　アマゾンなどのインターネットでわたしも本を買うことはありますが、それでも、その本が本屋さ

●すえまつ・ひろき　専門は学校経営学。日本の学校経営改革、スクールリーダー育成をイギリスとの比較から研究している。編著書に『現代の学校を読み解く―学校の現在地と教育の未来』（春風社、2016）、『教育経営論』（学文社、2017）、共編著書に『未来をつかむ学級経営―学級のリアル・ロマン・キボウ』（学文社、2016）等。

や図書館で、どこにどのような本とともに置かれているのか、どのような紹介とともに扱われ、なぜ、どの点が注目されているのかということについても、後日でも必ず確認するようにしています。

これは本に書かれている内容（テクスト）は、独立して存在しているのではなく、それらには文脈（コンテクスト）がともなっており、その両方が、読書をする上では大切になるという理解につながるのではないかと思います。

以上を踏まえると、職場のコミュニケーションも、自分に快・不快をもたらす発言（テクスト）に注目しているだけでは状況の理解や問題解決にはつながりにくい、というようにも言えそうです。

ちなみに、バイヤールは学校と読書の関係性の問題を次のようにも論じており、この点でも非常に考えさせられます。

「学校空間というのは、そこに住む生徒たちが課題とされた書物をちゃんと読んでいるかどうかを知ることが何よりも大事とされる空間である。そこには完全な読者というものが存在するという幻想が働いている。あいまいさを一掃し、生徒たちが真実を述べているかどうかを確認しようというその狙いも錯覚を孕んでいる。読書というものは真偽のロジックには従わないものだからである。」（199頁）

◆ごちゃごちゃ言う

経営を学ぶ際の読書のあり方を以上のように捉えながら、実際の職場の人間関係、それもなかなか自分とは相容れない、折り合いのつけにくい同僚とどのように関わっていくかということをもう少し考えてみたいと思います。

思想家の鶴見俊輔さんが、詩人の長田弘さんとの対談でおもしろい例をあげています。

鶴見さんは、「みみずの学校」というフリースクールの授業に呼ばれた際、小学校４年生に「難破して無人島にたどりついたとき、どこかの知らない国の船がきて、外国人があがってきたらどうするか？」と聞いてみたそうです。

みなさんが普段、職場で直面している困難な状況も、少なからずこのような文脈（コンテクスト）に置かれているのではないでしょうか。

皆さんだったら、どのようにこの質問に答えるでしょうか。授業では、鶴見さんのその質問に対して「ごちゃごちゃいう」と答えた子がいたそうです。鶴見さんはこれを受けて次のように述べています。

「これは名答だと思いましたね。すごい、と思った。『ごちゃごちゃいう』ってのは、かぎりなく正解に近いんです。言葉にはリズムがあるから日本語であってもかまわない。黙っているのは相手に威圧感をあたえ、敵意さえ感じさせるかもしれない。ニヤニヤは卑屈です。だけど『ごちゃごちゃいう』には生活のリズムがあるから、相手は聞こうとするでしょう。」（『旅の話』晶文社、1993年、14-15頁）

これは、発言の内容（テクスト）だけが、必ずしも意味をもっているわけではない、ということを表してもいると思います。

ついつい、わたしたちは何か困った状況に直面すると、何をどう言うかという内容に（それもハウツー的なテクストに）こだわってしまいます。ただ、状況は、そんなに単純ではありません（ちなみに、コンテクストは「文脈」のほかに「状況」という風にも訳せます）。

職場の人間関係を、瞬発的なテクストの次元だけで捉えるのではなく、それを広く読書なども含めたコンテクストに置いて考え行動してみるのはいかがでしょうか。

ここがポイント！
学校現場の人材育成
[第7回]

学校現場におけるOJTによる人材育成
〈その4〉

●本稿のめあて●

前号では、OJTを有効に進める場面ごとに、そのポイントを紹介しましたが、今回は、実際、どのようなOJTを行い、どのような成果があがったかについて、都教育委員会が作成したガイドブックに掲載されている事例をとりあげて、考えていきます。

学校現場におけるOJTによる人材育成について、前号では、先輩や上司の日常的な助言や仕事ぶりから学ばせる場面、新たな職務を経験させる場面及び教員相互で学び合う場面の3つに分けて、OJT実施上のポイントを紹介しました。

今回は、具体的なOJTの活用事例を校種別に見ていきます。

OJTの活用事例①
教員全員で組織的にOJT（小学校）

若手教員の割合が多いA小学校の校長は、人材育成を学校の重要な課題と捉え、副校長にOJTの積極的な導入を指示した。

そこで、副校長は全ての主任教諭をOJT担当者として指名し、主幹教諭にOJT対象者との組合せを指示した。さらにOJTシートを作成させ、各教員が自由に閲覧できるシステムをつくった。

主任教諭はOJTシートによってお互いのOJTの進行方法や内容を確認し合った。それにより、効率的なOJTやOJTの重複防止等を図ることができた。

一方、OJT責任者である主幹教諭や副校長は、OJTの実施状況を確実に把握できることで、OJT担当者からの相談に対しても適切な指導・助言をすることができた。

毎学期一回、OJT実施連絡会を開催し、実施状況を2～3名の主任教諭に報告させた。これによって、学校全体の意識が高まり、組織的なOJTを実施することができた。

この事例は、全ての主任教諭をOJT担当者として指名して、どのOJT担当者がどの教員（OJT対象

者）に対する指導助言をするかマッチングを主幹教諭であるOJT責任者に作成させたものです。また、OJTシートを作成させ、一人一人の教員だけではなく、OJT担当者間で、OJTの実施状況や内容などを共有することにより、組織的にOJTを行うことができた取組です。

OJTの活用事例②
OJTの意識を高める「一人一課題研修」の導入（中学校）

ベテラン教員が生徒指導を行う際に、若手教員とともに指導に当たることによって生徒指導のノウハウを伝達することができる。情報処理の技術をもった教員はパソコンによる成績処理の方法や情報セキュリティについて初任者教員等に伝達できる。A中学校では、このように教員が得意とする技能やもっている技術を「課題研修の項目」（指導させたい内容）として設定した。

その中から、研修を受けたい内容を「一人一課題研修」として選択させ、OJTの一環として位置付けた。必要に応じて複数の課題を選択することも可能にした。

教員が自ら課題を選択し、OJT担当者が自己の得意分野の研修講師を務めるため、研修そのものが活性化され、全教員のOJTに対する意識が高まった。

この事例は、教員自身が得意とする技能や技術を、OJTの全体責任者である校長や推進責任者である副校長が、所属職員である教員に、自分であれば何をOJTのテーマとして指導できるか、自己の得意とする技能や技術をまとめさせます。その上で、教員一人一人に研修課題（一人一課題研修）として選ばせ

たかの・けいぞう 昭和29年新潟県生まれ。東京都立京橋高校教諭、東京都教育庁指導部高等学校教育指導課長、都立飛鳥高等学校長、東京都教育庁指導部長、東京都教育監・東京都教職員研修センター所長を歴任。平成27年から明海大学教授（教職課程担当）、平成28年度から現職、平成30年より明海大学外国語学部長、明海大学教職課程センター長、明海大学地域学校教育センター長を兼ねる。「不登校に関する調査研究協力者会議」委員、「教職課程コアカリキュラムの在り方に関する検討会議」委員、「中央教育審議会教員養成部会」委員（以上、文部科学省）を歴任。

明海大学副学長
高野敬三

OJTを実施したものです。OJT担当者となった教員は自己の「十八番」を如何なく発揮して指導に当たることができるとともに、OJTを受ける側も自己が主体的に選択した内容であることから参加意欲も高まるOJTの取組といえます。

OJTの活用事例③
OJTの成果を検証しやすくする工夫（特別支援学校）

> D特別支援学校のB主任教諭は、A教諭の保護者面談に同席し具体的な助言を1年間継続して行ったことにより、学級担任としてのA教諭の外部折衝力に関するOJTの成果を把握することができた。
> B主任教諭は、A教諭への指導・助言内容やA教諭の変容等について詳細に記録し、OJT責任者であるC主幹教諭へ報告した。
> C主幹教諭は、他のOJT対象者の状況と比較検討し、適切に評価・指導することができた。さらにC主幹教諭は全ての主任教諭からのOJTの報告内容と、主任教諭に対する自身の指導についてOJTシートを基に副校長に報告した。
> 副校長は、OJT責任者である他の主幹教諭からも報告を受け、OJTの達成度を把握・分析することで、C主幹教諭に具体的かつ的確な指導を行うことができた。

この事例は、OJT担当者であるB主任教諭が1年間を通じて、OJT対象者であるA教諭の保護者面談に同席してA教諭のOJTの成果を把握したこと、B主任教諭はA教諭への指導内容やA教諭の変容などをOJT責任者であるC主幹教諭に報告したこと、C主幹教諭が自身のOJT責任者でもあり、学校全体の

OJT推進責任者である副校長にその内容を報告したことなどにより、OJT対象者に対するOJTの成果が、OJT担当者、OJT責任者及びOJT推進責任者間で共有され、成果の検証が容易にできる好事例となっています。

OJTの活用事例④
模範授業参観の成果を教科会で報告・還元（高校）

> A高等学校英語科主任のB主任教諭は、生徒の学習意欲を高めるための工夫について、他校の教員の実践から学びたいと考え、C高等学校英語科のD指導教諭による模範授業を参観した。
> D指導教諭によるアクティブ・ラーニングを取り入れた授業では、生徒が互いに意見を出しながら、教員が指示した課題の解決に取り組む様子を学ぶことができた。また、授業後の研究協議会では「適切な課題設定をするためには生徒の学習状況の把握が大切であり、そのためには毎回の授業の中で生徒に振り返りをさせるとよい」などの助言を受けた。
> 学校に戻ったB主任教諭は教科会において、振り返りシートの活用を提案し、全ての英語科の授業のまとめに学習事項の振り返りをさせることにした。

この事例は、他校の指導教諭の授業参観と協議会を通して、教科の指導技術を学びとり自校の教科会という場面でOJTを行い同一教科の他の教員に成果を普及した事例です。OJT責任者である主任教諭が、他校に出かけてその成果を普及啓発する取組です。

次回からは、学校管理職の人材育成について見ていきます。

Society5.0

福岡県筑紫野市立原田小学校長　手島宏樹

　元気いっぱいの返事とあいさつで、後期を迎えましょう。
　全校の皆さん、おはようございます。

　今日から、後期が始まります。
　前期の終業式でお話したように「かしこい原田っ子」「やさしい原田っ子」「たくましい原田っ子」を目標に、後期も頑張ってほしいと思います。
　今日は、校長先生は、「未来」についてのお話をします。スクリーンを見てください（新聞記事「西日本新聞」8月14日付「空飛ぶバイク便　来年にも」を提示）。
　これは、5年3組のAさんが、夏休みの「新聞作文コンクール」応募に選んだ新聞記事です。
　Aさんがこの記事を選んだ理由には、次のように書かれていました。

> 「ドローンが、空を飛んで配達するというアニメや漫画のような世界にどんどん近づいている。今の科学技術に驚き、感心したから」

　また、5年1組のBさんも同じ記事を取り上げていました。

> 「物は、人がトラックやバイクで届けるのが当たり前だけど、これは空を飛ぶドローンが届けている。人ではなく、機械が届けているのがすごいと思ったから」

と選んだ理由を書いていました。
　今、AさんとBさんの2人の感想を取り上げましたが、これから10年後、20年後の未来はどんな社会になっていると思いますか？

　10年後は、1年生が17歳、6年生が22歳になっています。
　20年後は、1年生が27歳、6年生は32歳になっています。
　今言われているのは、10年後、20年後の社会は「Society5.0」の社会、あるいは「超スマート社会」ということです。
　「Society5.0」や「超スマート社会」がどんな社会なのかということを日本政府がビデオにして配信しています。
　そのビデオを見てもらいます。いろんなことを想像しながら見てください。
　（ビデオ視聴：約5分「政府広報　Society5.0」を提示）
　どうでしたか？
　新聞記事で取り上げていた「ドローン宅配」もありました。
　レシピを教えてくれる「AI家電の冷蔵庫」、天気を教えてくれたり注文したくれたりする「AIスピーカー」も出てきました。
　また、無人トラクターや無人走行バスも出ていました。
　人工知能AIやIotの発達で、今ビデオで見たような未来がすぐそばまで来ています。
　10年後や20年後の未来は遠い未来ではありません。
　10年後や20年後の未来がどんな社会になっているか、お友達やお家の方と話し合ってみてください。
　素晴らしい未来が、皆さんを待っています。
　今日は「Society5.0」の未来社会についての話でした。

【講話のねらいとポイント】

夏休みが終わり、先生方の机上は、子どもたちの宿題や作品でいっぱいでした。その一つに「筑紫野市新聞感想文コンクール応募票」がありました。何気なく応募票に目を通していると、同じ新聞記事を選んでいた2人の子どもの記事の内容に目が留まりました。その内容は「空飛ぶバイク便　来年にも」という記事です。応募票の裏にその記事を選んだ理由を書く欄がありました。その欄に書かれていた内容が、講話の内容です。A君は「アニメや漫画のような世界にどんどん近づいていく」と、社会の進歩や科学技術の目覚ましい発展に驚きを感じています。B君は、「人ではなく機械が届けている」と、現在のトラック輸送等と異なり、AIの進歩により輸送の仕組みも変わり始めていることに驚きを感じています。

2人の感想文にあるように、子どもたちは、「Society5.0」の超スマート社会に少しずつ気付き始めています。そして、訪れるであろう未来社会をイメージし始めていると感じました。そこで、後期の始業式の機会を利用し、「Society5.0」を話題として取り上げました。子どもが未来社会をイメージできる資料として、政府広報の「Society5.0」を動画で提示しました。子どもたちは、「ドローン宅配」やレシピを教えてくれる「AI家電の冷蔵庫」、天気を教えてくれたり注文してくれたりする「AIスピーカー」、さらには無人トラクターや無人走行バスの映像に目を輝かせていました。

10年後、20年後の未来社会を生き抜く子どもたち。自分たちが生きる社会をイメージさせておくことは、大事なことではないかと考えこの話題を取り上げました。

【11月の学校経営】

11月は、授業研究会や文化的行事、体育的行事の開催等で教育活動も充実している時期だと思います。今回は、子どもたちに「読書の秋」を深めてほしいという思いで、前任校で取り組んだ内容を掲載させていただきます。子どもたちの読書量を増やしたいと思って始めた取組です。前任校の図書司書の先生は、子どもたちに図書館に興味をもってほしいという思いから、新刊を紹介したり、「先生方のおすすめの一冊」を紹介したり、図書委員会による読み聞かせをしたりなど、様々な取組をしていただきました。

校長としては、全国学テの結果から、読解力を高めたい、文章を読む量自体を増やしたいという思いを強くしていました。そこで、図書司書の先生に相談すると、アイデア豊富な司書の先生は、「校長先生、増えたらうれしいものは何ですか」と尋ねられ、「お金かな」と答えると、「そうですよ。通帳です。子どもたち一人一人に読書通帳を持たせましょう」という話になり、図書司書の先生が、全校児童人数分の読書通帳を作成してくださり、子どもたちの読書量はぐんと伸びました。

教育活動の充実期の11月。校長がこうしたいという思いを先生方に相談するとたくさんのアイデアをいただけます。私は、昨年度末に、A4判4枚の学校経営構想を2枚にスリム化したいと職員に伝え、今年の4月は、スリム化した2枚の学校経営要綱を提示し、スタートしています。

Hooray!
~わたしのGOODニュース~

歌手・教育学博士
アグネス・チャン

今年の6月、末っ子の三男が大学を卒業しました。これで三人の息子ともスタンフォード大学を無事に卒業したことになります。

カリフォルニアにあるスタンフォード大学で行われた卒業式に家族全員で出席しました。三兄弟が揃った姿を見て、感無量でした。胸が熱くなって、涙がこぼれました。走馬灯のように、彼らが生まれたときのことを思い出しました。

長男が生まれたとき、母乳で育てたいために、赤ちゃんを職場に連れて行きました。それがきっかけで「子連れ論争」が起きました。女性は母親になったら、家に戻り、育児に専念すべきという一般常識を破ったことで、賛否両論が飛び交いました。新米ママの私は、迷いがありながらも、自分の信念を貫いて、子育てに奮闘しました。

次男は私がスタンフォード大学の博士課程に留学中に生まれました。学業と二人の子供の面倒で、ほぼ毎日寝不足でした。それでも子供たちの可愛いらしい姿に励まされ、教育学博士号を取得することができました。

三男が生まれたとき、私は41歳。家族の力を借りて、三男はすくすくと育っていきました。なのに彼が11歳のときに、私は乳がんになりました。手術や治療、5年間副作用と戦いました。家族には大変な思いをさせてしまいました。幸い再発もなく、12年間生存し、三人の成長を見守ることができました。

山あり谷ありの子育てでしたが、今振り返ると、息子たちとの楽しい思い出しか思い出せないです。大学で学んだ児童心理学と教育学が子育てに役立

人生最大の恵み

ちました。心身ともに元気になるような子育て方法を実践しました。笑いと感動の毎日でした。

私の子育てが注目されたのは三男がスタンフォード大学に合格したときからです。「3人ともスタンフォードに合格！　どういう方法で教育したのですか？」と聞かれました。私が自分の子育て法を語ると、「面白い！　本にしたい」といわれ、本が出版されました。『スタンフォード大に三人の息子を合格させた50の教育法』の本が日本とアジアでベストセラーになりました。次から次へと本がヒットし、いつの間にか、教育者として、新たな読者層がついてきてくれるようになりました。

思いがけない展開で、仕事がさらに忙しくなって、戸惑いはあります。でも若い親たちの悩みを解消してあげたい、みんなも私と同じように、楽しく子育てをしてほしいと願って、本を書き続けています。

月日の経つのは本当に早いです。あっという間に子供たちが成人して、独立していきました。三男は今、大学院で修士学位を取得するために学んでいます。アルバイトをしながら通っているので、金銭的にも独立し始めました。次男はエンジニアで、大手会社に勤めています。アマチュアバンドの活動もしています。長男は昨年結婚し、会社のCEOです。三人とも楽しく、生活をエンジョイしているようです。親として、それが何よりのご褒美です。

親になれたことに感謝！　この至らないママを励ましてくれた全ての方に感謝！

● Profile ●

香港生まれ。1972年「ひなげしの花」で日本デビュー。一躍、アグネス・ブームを起こす。上智大学国際学部を経て、カナダのトロント大学（社会児童心理学）を卒業。89年に米国スタンフォード大学教育学部博士課程に留学し、教育学博士号（Ph.D）取得。98年、日本ユニセフ協会大使に就任し、タイ、スーダン、東西ティモール、フィリピン、カンボジア、イラク、モルドバ共和国と視察を続け、その現状を広くマスコミにアピールする。2000年には本格的に歌手活動を再開し、第50回日本レコード大賞の特別賞を受賞。18年の春の叙勲で旭日小綬章を受章。現在は芸能活動だけでなく、エッセイスト、大学教授、ユニセフ・アジア親善大使、日本対がん協会「ほほえみ大使」など、知性派タレント、文化人として世界を舞台に幅広く活躍。著書に『未知に勝つ子育て〜AI時代への準備〜』（小学館、2019年4月）など多数。

毎年3万人以上のお客様にご愛用いただいています！

2020年版 地方公務員ダイアリー

※手帳サイズとカバーのお色味をお選びいただけます。

Standardシリーズ

定番のブラックは2つのサイズをご用意！

愛用しているぎょうせいの "いつものスケジュール手帳" を使いたいあなたに！

1 A5判／ブラック 定価（本体1,100円＋税）
2 B5判／ブラック 定価（本体1,250円＋税）

Stylishシリーズ 数量限定 NEW 人気色

ロゴが英語表記でオシャレになりました！

オシャレ好きのあなたには周囲と差がつくシックな色味！

3 A5判／ネイビー 定価（本体1,100円＋税）
4 B5判／ネイビー 定価（本体1,250円＋税）
5 B5判／チョコレートブラウン 定価（本体1,250円＋税）

※ブラウンはB5判のみです。

（ロゴ拡大イメージ）

Premiumシリーズ 数量限定 NEW

上品な光沢と色味の新素材 癒しのパールカラー！

手帳からエレガントに明るいカラーが新登場！

6 A5判／シェルピンク 定価（本体1,200円＋税）
7 A5判／ミントグリーン 定価（本体1,200円＋税）

※プレミアムシリーズはA5判のみです。

（ロゴ拡大イメージ）

色味など詳細はこちらから！

※A5判・B5判ともに、B5判に収録されている付録を、WEB上で閲覧できる購入者特典が付いています。

A5判（小） 持ち歩きに便利なハンディサイズ

年間スケジュール
月間スケジュール(a)※
週間スケジュール
内容見本（一部拡大）

==付録==
・法令用語の使い方
・書簡用語例
・業務に役立つExcel関数
・家庭祝儀
・年齢早見表

B5判（大） たっぷり書けるノートサイズ

年間スケジュール
月間スケジュール(b)※
週間スケジュール
内容見本（一部拡大）

==付録==
・法令用語の使い方
・法令における漢字使用等について
・書簡用語例
・地方公共団体のしくみと数
・業務に役立つExcel関数
・家庭祝儀
・年齢早見表 他

※A5判（小）のStylishシリーズ、Premiumシリーズの月間スケジュールは(b)パターンです。

株式会社 ぎょうせい
フリーコール TEL：0120-953-431 [平日9～17時] FAX：0120-953-495
〒136-8575 東京都江東区新木場1-18-11
https://shop.gyosei.jp ぎょうせいオンラインショップ 検索

**教育長インタビュー
次代を創る
リーダーの戦略
II
[第6回]**

沓掛英明 氏
青木村教育長

つながりが生み出す"動くシステム"で
子ども一人一人を大事にする教育を

「青木の教育は連携」——。沓掛英明教育長は、青木村の教育の特色をこう語る。保小中一貫教育、社会性を養う多彩な体験活動、学び合いを重視した学力づくり。これらを支えるのが、学校・園、保護者、地域、教育委員会の連携だ。人と人とがつながり、目指す教育を共有し、それを具体化する"動くシステム"が青木村の強みとなっている。インクルーシブ教育を土台に、一人一人が教育に参画し、同じ目線で子どもを育てる"青木教育"の実際を、沓掛教育長に聞いた。

● 教育長インタビュー ●

"連携する風土" を生かす

──青木村の教育の重点施策は。

　本村の重点施策は、①青木村の良さを生かす「保小中一貫教育」、②人と人とのつながりによる社会力の育成を目指した「多様な他者や自然とのかかわり」、③授業改善と学校運営システムの工夫による「学力・体力の向上」、④会議の精選や個別指導時間の設定などによる「子どもと向き合う時間の確保」、⑤子どもの個性を大切にしたインクルーシブ教育を目指す「一人一人を大切にする教育」、の5点です。

　青木村には、昔から人と人とがつながり協働していく風土があります。5点の重点施策は、こうした青木村の良さを生かしたシステムとして機能させることで、有機的で効果的な教育を進めていくことを目指しています。

村一丸で子どもを育てる

──保小中一貫教育に取り組んでいます。

　「保小中一貫教育」では、「あおきっ子教育ポイント5か条」を設定しています。「一日のスタート」「あいさつ」「時間の使い方」「働き学ぶ」「豊かな体験」といったもので、早寝早起き朝ごはんや、社会力を養うためのあいさつの励行、家庭学習のすすめやゲームなどのルールづくり、家の手伝いや読書など親子で取り組む活動や、自然体験をはじめ地区や村の行事への参加など、自律と協

働をすすめる村の教育憲章となっています。これは保小中一貫した教育のスローガンとしており、保護者や地域にも定着してきました。

──社会性を培う取組とは。

　これは青木村に関わる様々な人や機関が、それぞれの持ち味を生かして子どもたちの体験活動を支えるシステムが生かされています。地域の方々による伝統行事の義民太鼓や大学生との交流、指導ボランティアによるスキー・スケート教室など、多彩な活動が展開されています。また、児童センターでは、放課後に子どもたちが豊かな自然の中で自由に遊びながら社会性を育てる活動に取り組んでいます。月2回の「水曜クラブ」では、地域の方々により、川遊び、お茶会、将棋、折り紙など多彩な活動を行っており、平日も午前10時から午後6時まで未就学児を含めた活動の場を提供しています。児童センターは1日100人近い子どもたちが利用しており、体験活動の拠点となっています。

　さらに、本村では小学4〜6年を対象に希望制による通学合宿にも取り組んでおり、子どもたちは、1週間寝食を共にし、絆を深めています。

　このように、様々な集団構成による人間関係づくりや、地域の方々との交流により青木の良さを体感できる活動を進めています。

確かな学力を目指す仕組みと授業づくり

──学力向上にも成果が上がっています。

　「保小中一貫教育」の一つとして、年度初めに小中の全教員が集まり、西留安雄先生（元東京都東

● 教育長インタビュー ●

村山市立大岱小学校長）をお招きして「学び合い
を基軸にした主体的な学習」を目指す授業づくり
についての理論と実践を学ぶ機会を設けており、
これを日々の授業で具体化することに取り組んで
います。これはすべての教員が"青木の授業"の
実際をイメージ化できる機会となっています。こ
れを生かし、全教職員が授業公開などを通して思
考力が高まる授業に取り組んでいます。

　また、特色ある学力づくりとしては、中学校に
おいて「ウイークエンドスタディ」を行っていま
す。これは、１週間の勉強を確認するプリントテ
ストを配布し、月曜に回収してその日にボランティ
アにより採点します。そして、必要に応じて月曜
の放課後に補習などを行う「ゴテラ」を実施して
います。また、定期テスト前に行う「みんなでゴ
テラ」、自主的に放課後学習を行う「自主ゴテラ」
などを実施しており、子どもたちが学び続ける
サイクルとなっています。

　このような、教員の授業改善の努力と子どもた
ちの自主的な学びによって、全国学力・学習状況
調査において全国平均を大きく上回るといった成
果を得ています。

　また、持久力を高める「朝の100日マラソン」
など、体力向上にも取り組んでいるところです。

──子どもと向き合う時間の確保については。

　子どもと共に行う清掃や相談時間の確保などと
いった子どもと向き合う取組や、諸会議の精選に
よる授業研究や学級事務の時間の確保、子ども理
解の時間の設定など、「みんなで子どもを見る」た
めの取組を進めています。このことは「一人一人
を大切にする教育」を目指すインクルーシブの考
えが生かされており、青木ならではの教育を支え

ているものです。

インクルーシブ教育で子ども一人一人を大事に

──インクルーシブ教育に力を入れています。

　インクルーシブ教育については、特に大切な取
組課題と位置付けています。

　平成24年度からカウンセラーを雇用し、保育
園・小学校・中学校を巡回し、児童生徒や保護者、
教員からの相談に当たってもらっています。また、
０歳児健診や２歳児健診にも参加してもらってお
り、教員、保育士、保健師、教育委員会との連携
が深まり、０歳から15歳までをカバーする支援体
制が整ってきています。

　また、平成25年度から３年間、文部科学省のイ
ンクルーシブ教育システム構築モデル事業の指定
を受け、事例収集や、効果的な連携体制の構築、
研修会・講演会の実施などに取り組んできました。
そうした中で、青木村独自の取組も生まれてきて
います。例えば、「青木村インクルーシブちょこっ
と連絡会」を立ち上げ、２か月に１日、子どもた
ちの支援にかかわる話し合いを行っています。保
育園・小学校・中学校の校園長、教育長、カウン
セラー、保健師、児童相談所、児童発達支援施設
の職員などが、ケースワークをしていきますが、
それぞれの立場から、対象となる子どもの、学校
での様子、きょうだい関係、家族の状況などの情
報交換がなされ、立体的に子どもを把握できる話
し合いとなっています。そのために子ども理解が
深まり、同じ目線で子どもへの適切な支援を行う
ことが可能となっています。

こうしたきめ細かい支援によって、早期に発達障害が認められた子どもが、中学校で副生徒会長になるといった想定外の効果も生まれました。

また、本村では、インクルーシブの考えを生かした授業づくりにも取り組んでいます。黒板に時間の経過を示す時計を貼ったり、授業の流れや目当てを明記したりし、子どもが学習の過程や内容を把握できる工夫を行ったりしています。チョーク・アンド・トークの授業でなく、教員たちが、インクルーシブ教育のよさを理解し、同じ目線で子どもを見て、授業を行うことによって、どの子どもにも分かる・できる授業づくりを目指しているのです。

「みんなで子どもを見ていく」青木の教育を目指して

——教育長として大事にしていることは。

バランスが大事だと思っています。学力向上、社会性の涵養、そしてインクルーシブ教育は本村が大事にしていることですが、これらがバランスを取りながら、質の高い取組となっていくようにしていくのが教育委員会の役割だと思っています。人と人とがつながり、みんなで子どもを見ていく"青木の教育"をこれからも進めていきたいと考えています。

本村では、毎年「子育てフォーラム」を開催しており、教員、保護者、保健師など様々な人が集い1年間の青木の教育を検証する場となっていますが、今年は、保護者からお茶出しを申し出ていただいたり、教員からは保健部会の立ち上げを提案してもらったりしました。このように、自主的

な取組も見られるようになり、みんなで子どもを見ていく意識が高まってきていることを感じます。冒頭に5つの重点施策を述べましたが、それぞれが、"人が動くシステム"として具体化されています。子どもたちには、多くの大人たちに包まれて青木の良さを体感し、青木に育ったことを誇りに思い、自己有用感と、家族や地域の人たちへの愛着をもって、これからの社会に生きていく力を養ってほしいと思っています。

（取材／編集部　萩原和夫）

取材に協力いただいた青木村教育委員会の皆さん

Profile

くつかけ・ひであき　昭和29年生まれ。51年新潟大学教育学部卒業。公立小学校教諭として教職をスタート。信州大学附属特別支援学校教諭、長野県教育委員会指導主事（特別支援教育）、諏訪養護学校教頭、長野ろう学校教頭を経て、上田市立丸子中央小学校長に。その後、長野県教育委員会特別支援教育課教育幹を務め、平成23年より現職。

ONE THEME FORUM
ワンテーマ・フォーラム

現場で考えるこれからの教育

■今月のテーマ■

子どもの感性にふれるとき

子どものつぶやきが授業を動かすことがある。
子どものアイデアが豊かな体験活動に発展することがある。
子どもの作品が子ども自身の内面や成長を映し出すことがある。
教師の仕事とは、そうした子どもたちの感性と向き合うものなのかもしれません。
教師としての成長もまた、そうした子どもの感性を受け止め、
生かしていく所作のなかで、培われるものといえるでしょう。
今回は、「子どもの感性にふれるとき」と題し、
改めて発見する子ども自身の見方や捉え方について語っていただきました。

■ご登壇者■

岐阜県白川村立白川郷学園校長	中村　裕幸	先生
東京都調布市立上ノ原小学校副校長	八代　史子	先生
東京都府中市立府中第五中学校主幹教諭	小林　功治	先生
東京都中央区立日本橋小学校教諭	奥田　良英	先生
東京聖栄大学教授	有村　久春	先生

ONE THEME FORUM
ワンテーマ・フォーラム
子どもの感性にふれるとき

憧れの「まなざし」とそれに応える真剣な「まなざし」

岐阜県白川村立白川郷学園校長　中村裕幸

　本校は、平成29年度より「義務教育学校」となり、今年度3年目を迎えています。学校教育目標「ひとりだち」の具現に向けて、全校児童生徒116名の小規模校であることと義務教育学校であることを強みに、9年間の学びと成長の連続性を保障する教育を進めています。その中で特に大切にしていることが、「人と人との関わり合い」です。子どもたちが、社会で生き抜いていくために必要なこのスキルを、学年を越えた（様々な人との）関わりの中で高めています。

　私たち教職員には、本校の特色を語る上で大切な言葉があります。それは、「誰もが、9年先の自分を描き、9年前を振り返ることができる学校」という言葉です。私は本校に関わり4年になりますが、子どもたちとふれあう中で、子どもたちの発する言葉や表情・振る舞いから、この言葉を示す場面が年々増えてきたと強く感じています。

　6月のある1週間、学級を解体し縦割り班（「結クラス」）で生活するという「結クラスウィーク」を実施しました。登校から放課後まで「結クラス」のメンバーと一緒に生活するという体験から、より互いの違いを理解・尊重し、人と人との関わりを大切にできる子どもを育てたいと考えました。期間中、子どもたちは、様々な活動の中で、人と関わり合うことの楽しさとともに、難しさに対して悩み考え、チャレンジしていました。低学年の意見を取り入れてみんなで仲よく遊ぶ「青空タイム（業間活動）」や学校生活での悩みや困ったことを上級生に相談する「結トーク（ピアサポート活動）」等、まさに「9年先と9年前」の言葉どおりの姿を見せてくれました。

　後日、学園集会において、各学年の代表が「結クラスウィーク」の感想を発表しました。それぞれの感想は、いつもよりも他学年と楽しく親密に関わることができたという内容でした。そのとき、私は1～3年生の代表が他学年の発表を聞く姿に驚きました。代表者は、全員の発表が終わるまでしっかりと前を向いているようにと教えられています。しかし、彼らは自分たちの発表が終わると、上級生の方を向いて、発表する姿を食い入るように見つめているのです。それは、憧れの「まなざし」で「9年後の自分」を見ているようでした。そして、その「まなざし」に応えるかのように上級生も手を抜きません。真剣な「まなざし」で、下級生に向かって身振り手振りも交えて、自分の思いを堂々と発表しました。「9年前の自分」に見本を示すかのように。

　小中一貫教育は、その先行事例から、「多様な異学年交流の拡充による自己肯定感の高まり」が大きな成果であると報告されています。毎日の交流の中で、下級生は、上級生に憧れを抱くことで「自分見つけ」に繋がり、上級生は、その憧れに応えることで自己肯定感や有用感を高めることに繋がっています。私たちは、その憧れと真剣な「まなざし」から「9年先の自分を描き、9年前を振り返る」子どもたちの成長に驚き、感心しています。11月の「結クラスウィーク」が楽しみです。

ONE THEME FORUM

ワンテーマ・フォーラム
子どもの感性にふれるとき

かっちゃんのODYSSEY

東京都調布市立上ノ原小学校副校長　**八代史子**

　かっちゃん。小学4年生。9歳。男児。地方の町に住む甥である。

　この夏、2人で私の故郷にある科学館へ出かけた。外出は父親の車がほとんどである彼は、この日生まれて初めてバスに乗った。

　車中では、いつも乗っている父親の車とバスの違い探しをする。

　「バスには降車ボタンがいっぱいある」という気付きから、車内のボタンの数と位置を確認し、なぜそこにあるのかを考える。天井のボタンは背の高い人のため、低い場所のボタンは座っている人や子どものため。たくさんのボタンがあるのは、乗客が動かなくてもいいようにと彼は推測した。そこから彼が導き出したのは、バスは大人や子ども、お年寄りなどいろいろな人が安全に、そして安心して乗ることができるものであるということだった。

　「バスには黄色がたくさんある」という気付きも出てきた。乗降ステップ、手すり、段差など、私は気付かなかったが確かに多い。彼は、「危ない場所には黄色が使われているのではないか」という仮説を立てる。そこから視点を町の中へ移す。点字ブロック、お店の看板、道路の追い越し禁止線、道路工事のパイロン……。町の中には様々な黄色がある。確かに危険箇所には黄色が使われている。「ではラーメン屋の看板が黄色いのはなぜ？」と問いかけてみる。道路の縁石、店の看板の文字、道路標識などに黄色が見られる。黄色は目立たせたい所に使われる色では

ないか。危険箇所を目立たせるために黄色が使われている、ということを彼は発見していく。様々な人が利用するバスの中だからこそ、安全のための分かりやすい工夫が施されていることを理解する。黄色に意味が生まれることで、町を見る視点が変わり、子どもの目の色が変わる。私にとって、子どもの感性の豊かさ・面白さを再発見した1日であった。

　複雑で不確実性の高まるこれからの社会においては、未知の状況で自分自身をナビゲートする力が求められている。OECD（経済協力開発機構）は、それを「ラーニングコンパス」として提示し、よりよい自己や社会を形成しようとする自律性や主体性＝Agencyの育成を重視している。かっちゃんとの1日は、Agencyは既に子ども自身の中にあり、それを教師が信じ、引き出すことができるかが問われていると教えてくれた。

　帰りのバスで、科学館で見た「タートル・オデッセイ」という映画から、かっちゃんはこう言った。

　「今日は、すごいオデッセイしたね」

　ODYSSEYは、長期間にわたる冒険の意である。これから始まるかっちゃんの長いODYSSEYの中で、たった1日であったが、かけがえのないODYSSEYの一部であった。

　冒険にはコンパスが必要である。かっちゃんに、そして全ての子どもたちに、カスタマイズされた丈夫なコンパスを渡せる学校を創っていきたい。

ONE THEME FORUM
ワンテーマ・フォーラム
子どもの感性にふれるとき

ピカソと中学生のシンパシー

東京都府中市立府中第五中学校主幹教諭　小林功治

「誰もが芸術を理解したがる。それなら、なぜ鳥の歌を理解しようとしないのか。なぜ人は夜とか花とか、まわりのすべてのものを理解しようとしないで愛するのか。ところが絵画となると、人々は理解しなければならないらしい」

パブロ・ピカソの言葉である。人は歳を重ねれば重ねるほど、芸術作品に対し、それを理解しようと頭が働いてしまう。しかし、子どもは違う。見たまま、感じたままにその作品を受けとめようとする。美術で鑑賞の授業をしていると、そのことを強く感じる。43歳になる私が気付かないような見え方、感じ方をする生徒にいつも驚かされている。

以前、こんなことがあった。

ピカソの代表作に『泣く女』というのがある。この作品はキュービズムの表現を用いており、いくつもの異なる視点から対象を捉え、その中で見つけたおもしろい形を幾何学的に組み合わせることで、画面が構成されている。何も知らずに見ると、非常に複雑で何が描かれているのかさえわかりずらい作品だ。

授業でこの『泣く女』と実際に泣いている女性の写真を2枚並べて、「どちらの方が泣いている気持ちが伝わってきますか」という質問を投げかけたら、ほとんどの生徒が『泣く女』の方に手を挙げた。理由を聞くと、「何かわからないけれど、こっちの方がバチバチとした激しさを感じる」とか「怒っている感じがする」「ハンカチを嚙んでいるから、悔しそう」などというような回答が返ってきた。恥ずかしながら、私が初めてこの絵を見たとき、ハンカチの存在にすら気付くことができなかった。確かに人が泣くときの心情を考えると、悲しみだけでなく、悔しさもあれば、怒りもある。憤りやもどかしさ、恥じらい、安堵、喜び、様々な感情が複雑に絡み合い、膨らんでいった結果、涙として溢れ出てくるのが泣くという行為だ。おそらく、生徒はその内面の深い葛藤を絵からダイレクトに感じとったのではないだろうか。

残念ながら、写真からは"泣いている"という情報は入ってきても、そこから先のイメージが膨らむことはなかったようだ。これが「表現」と「情報」の違いだと考えると、非常に興味深い。さらに、時代を超えて、その内面的な激しい葛藤を子どもに感じとらせる絵を描いたピカソがすごいのか、純粋に対象を感じとれる子どもたちの感性がすごいのか。そう考え始めると、きりがなくおもしろい。

子どもの成長にとって、感性を磨くことはとても大切なことだと思っている。豊かな感性があって初めて思考力は深まっていく。似たような言葉で感受性というものもあるが、これは似て非なるもので、受動的に感じるだけでなく、能動的に感じようとする力も含めて感性であり、それこそが主体的な学びにつながっていく最大のモチベーションにつながると私は考えている。

美術科に課せられた使命は重い。

ONE THEME FORUM
ワンテーマ・フォーラム
子どもの感性にふれるとき

子どもの感性を生かして豊かな授業づくりを目指したい

東京都中央区立日本橋小学校教諭　**奥田良英**

　「つくりだす喜びを味わうとともに、感性を育み、楽しく豊かな生活を創造しようとする態度を養い、豊かな情操を養う」と、平成29年度に改訂された学習指導要領にも示されているように、図画工作科は、感性を育む教科として小学校教育の中に位置付けられています。

　私は、図工専科として勤務し、8年目ですが、子どもたち一人一人のものの見方や捉え方の違いや面白さを日々味わっています。

　例えば、図工室にある、絵の具が固まって容器にこびりついたもの、これもある子どもたちにとっては何か特別なものに思えるようで、「これ、もらってもいいですか？」と、聞いてくることがあります。それを、ある子は水に溶かしてみようと試みたり、ある子は細かく砕いて一つ一つの形を見ながら並べ、工作に使ったりします。このように、子どもの身の回りにある様々な「もの」たちは、子どもたちの感性によって新しい意味を与えられ、命を吹き込まれます。

　図工では、立体に表す活動を行う際に、こんなものをつくるのでこんな材料を持ってきてほしい、とお願いをすることがあります。近年は、100円均一ショップなどで、安価で素敵な飾りなどが手に入るので、当然そういったものを持ってくる子どもがたくさんいます。けれどもそんな中、「先生、見て」と、綺麗に広げられた飴の包み紙や、スナック菓子の袋の切れ端が入った小さな袋を持ってきた子どもがいました。袋から切れ端を取り出すと、「光に透かすと模様が透けてキラキラして綺麗なんだ」と嬉しそうに教えてくれました。私は、彼がお菓子を食べていたときに、包み紙の美しさに気付いて、図工で使いたいと思ったこと、彼の気付きに共感し、学校に持っていけるよう、袋を用意して、一緒になって準備をしてくれた保護者の方のことなど、お菓子の包みたちにまつわる物語を想像し、嬉しくなりました。「本当だ、キラキラしてとっても素敵だね、よく見つけたねぇ」と言うと、「でしょう！」とにっこり笑いました。

　こんなこともありました。ある女子児童が、工作に使うピンクのお花紙（薄い、色付きの紙）を目にあてながら、「恋ってこんな色かなぁ」と呟いたのです。随分大人びたことを言うもんだなぁと少し驚きもしましたが、色に自分なりのイメージをもつと同時に、その色とイメージを身体的に捉えている姿に、思わず妙に納得してしまったことを覚えています。

　私は、子どもたちには図工の授業を通して、自らの感性を研ぎ澄ませ、物事に対して自分なりの意味や価値を見出すことの面白さを感じてほしいと思っています。同時に、他者の感性に触れ、人の感覚や捉え方には「違い」があることを知り、それを受け止める素地をつくることも図工の大切な役目であると考えます。そうした図工の時間をつくり上げていくためにも、自分自身が子どもの感性に寄り添い、子どもの感性から学び続ける教師でありたいです。

ONE THEME FORUM
ワンテーマ・フォーラム
子どもの感性にふれるとき

子どもは、感性そのもの。

東京聖栄大学教授　**有村久春**

　この絵を一度なりとご覧になったことがあると思います。いかがでしょうか。

　ブリューゲルが1560年に描いた『子供の遊戯』（118cm×161cm）です。総勢246人もの子どもが遊んでいます。夢中でしかも直感的な子どものこころの動きがみえます。子どもそのものの〈感性〉をうまく遊びのなかに表現していると思います。これほどのカンバスによくもこれほどの遊び（80数種）を描いていることに驚きます。まさに彼の子どもに学ぶ眼と感性の豊かさが伝わってきます。
　この画家こそ、子どものよき理解者であり最良の教育者と言えるでしょう。
　〈感性〉は言葉にして言い切れない、また意図して行動に表せないだけに、そこでの〈こころのあり様〉をゆったりとフリーにしておきたいところです。自らの脳と身体の動きがマイペースなとき、ありのままに表出するものなのでしょう。子どもたちに「先生」と呼ばれ、自らも「先生」を自認するすべての人に自然に備わっている感覚でしょう。
　このような心持や所作で、日々の子どもの学びに向き合うことが「先生」の仕事であるように思います。例えば、お花係の子がさした花瓶をみて「きれいだなあ」と小声で言いながら目を輝かせる子に、自らの笑顔で応じる先生でしょう。作者の気持ちを自分の感じ方として作文した生徒の安堵感のある表情に温かいまなざしを送る先生でしょう。
　数学者の岡潔は仏教でいう「成所作智（じょうしょさち）」の言葉を紹介しています（『情緒の教育』燈影舎、2001年、p47）。どういう色の花なのかを理解することは知覚や認知であって、それがきれいだと感じるのとは異なることを指摘します。美しさがわかるには、花にこころを集中させ、純粋直感があってこそ、その美しさの真がわかるということです。
　「先生」自らが己の〈所作〉を成し、自らの感覚を磨く（「智」を得る）ことであると思います。それは、子ども個々を〈まるごと〉感じる「先生」の温かい言動に表出します。子ども自身にも〈わたしの感性〉を涵養する営みが徐々に成就しています。
　次代を生きる子どもには、「部分」と「全体」をインテグレートするホロニックな思考が必要です。そこには、双方の融和と超越が醸し出す〈美：Arts〉なる精神的エネルギーが潜んでいるのでは……！

全面実施まであとわずか！

新学習指導要領を「実践」につなぐ
授業づくりの必備シリーズ

平成29年改訂
小学校教育課程実践講座
全14巻

A5判・各巻220頁程度・本文2色刷り

各巻定価 （本体1,800円＋税） 各巻送料300円
セット定価（本体25,200円＋税） セット送料サービス

【巻構成】
●総　則　●国　語　●社　会　●算　数
●理　科　●生　活　●音　楽　●図画工作
●家　庭　●体　育　●外国語活動・外国語
●特別の教科 道徳　　●総合的な学習の時間
●特別活動

平成29年改訂
中学校教育課程実践講座
全13巻

A5判・各巻220頁程度・本文2色刷り

各巻定価 （本体1,800円＋税） 各巻送料300円
セット定価（本体23,400円＋税） セット送料サービス

【巻構成】
●総　則　●国　語　●社　会　●数　学
●理　科　●音　楽　●美　術　●保健体育
●技術・家庭　●外国語　●特別の教科 道徳
●総合的な学習の時間　●特別活動

ここがポイント！

□ **信頼・充実の執筆陣！** 　教科教育をリードする研究者や気鋭の実践者、改訂に関わった中央教育審議会の教科部会委員、学校管理職、指導主事ら充実のメンバーによる確かな内容です。

□ **読みやすさ・使いやすさを追求！** 　「本文2色刷り」の明るく読みやすい紙面デザインを採用。要所に配した「Q＆A」では、知りたい内容に即アプローチしていただけます。

□ **授業事例や指導案を重点的に！** 　「資質・能力の育成」や「主体的・対話的で深い学び」を授業の中でどう実現させるか？　実践に直結する授業事例や指導案を豊富に紹介します。

学習指導要領を
「現場視点」で読み解き
「授業」に具体化する
新教育課程サポートブック
――堂々ラインナップ！

[平成29年改訂 小学校教育課程実践講座（全14巻）◆編著者]
- 総　　則　　　　　　天笠　茂　　　千葉大学特任教授
- 国　　語　　　　　　樺山　敏郎　　大妻女子大学准教授
- 社　　会　　　　　　北　俊夫　　　国士舘大学教授
- 算　　数　　　　　　齊藤　一弥　　高知県教育委員会事務局学力向上総括専門官
- 理　　科　　　　　　日置　光久　　東京大学特任教授・前文部科学省初等中等教育局視学官
- 生　　活　　　　　　朝倉　淳　　　広島大学教授
- 音　　楽　　　　　　宮下　俊也　　奈良教育大学理事・副学長
- 図画工作　　　　　　奥村　高明　　聖徳大学教授
- 家　　庭　　　　　　岡　陽子　　　佐賀大学大学院教授
- 体　　育　　　　　　岡出　美則　　日本体育大学教授
- 外国語活動・外国語　　菅　正隆　　大阪樟蔭女子大学教授
- 特別の教科　道徳　　押谷　由夫　　武庫川女子大学教授
- 総合的な学習の時間　　田村　学　　國學院大學教授
- 特別活動　　　　　　有村　久春　　東京聖栄大学教授

[平成29年改訂 中学校教育課程実践講座（全13巻）◆編著者]
- 総　　則　　　　　　天笠　茂　　　千葉大学特任教授
- 国　　語　　　　　　髙木　展郎　　横浜国立大学名誉教授
- 社　　会　　　　　　工藤　文三　　大阪体育大学教授
- 数　　学　　　　　　永田　潤一郎　文教大学准教授
- 理　　科　　　　　　小林　辰至　　上越教育大学大学院教授
- 音　　楽　　　　　　宮下　俊也　　奈良教育大学理事・副学長
- 美　　術　　　　　　永関　和雄　　武蔵野美術大学非常勤講師
- 保健体育　　　　　　今関　豊一　　日本体育大学教授
- 技術・家庭〈技術分野〉　古川　稔　　福岡教育大学特命教授
- 　　　　　〈家庭分野〉　杉山久仁子　横浜国立大学教授
- 外国語　　　　　　　菅　正隆　　　大阪樟蔭女子大学教授
- 特別の教科　道徳　　押谷　由夫　　武庫川女子大学教授
- 総合的な学習の時間　　田村　学　　國學院大學教授
- 特別活動　　　　　　三好　仁司　　日本体育大学教授

小学14巻、中学13巻、全て好評発売中!!
担当教科と「総則」をセットで揃えて頂くのが
オススメです!!

【ご注文・お問い合わせ先】
㈱ぎょうせい
フリーコール　0120-953-431　［平日9～17時］
フリーFAX　　0120-953-495　［24時間受付］
Webサイト　　https://shop.gyosei.jp　［オンライン販売］

講座 単元を創る [第7回]

教材単元の再構成

島根県立大学教授
高知県教育委員会事務局学力向上総括専門官
齊藤一弥

■summary■
資質・能力ベイスでの単元づくりでは、見方・考え方に着目して指導内容の連続性や関連性を意識したまとまりで単元枠を設定するために、従来の教材単元の枠組みを再構成する必要が生じてくる。

教材を見方・考え方でつなぐ

　これまでの連載でも、これからの単元づくりでは見方・考え方を基軸に据えることが大切あることを話題にしたが、その成長過程を意識しながら単元づくりに関わり出すと、これまでの教材単元を見方・考え方でいかにつないでいくかという課題に直面する。内容ベイスでの単元づくりでは、指導内容のまとまりで単元枠を区切っていくが、資質・能力ベイスでの単元づくりでは、見方・考え方に着目して指導内容の連続性や関連性を意識したまとまりで単元枠をくくっていく。そのため、従来の教材単元の枠組みを見直したり関連しているものを再構成したりする必要性が生じてくる。

　新しい学習指導要領に基づく授業改善では、これまで以上に単元のまとまりへの関心が高まっている。新課程における授業づくりの主旨を実現していくためにも、見方・考え方を基軸としてこれまでの内容構成をいかに見直していくかが鍵になる。

見方・考え方を基軸に据えて単元枠を見直す
小学校算数科を通して考える

　新学習指導要領では、小学校4年の算数で「簡単な場合についての割合（整数で表される場合）」が新たに取り上げられた。これは、5年で学習する「割合」の理解が難しいことから、前学年から割合の見方を体系的に指導することでつまずきをなくすことを目指している。特に、基準量と比較量、そして割合（倍）の関係については、それまでの乗除法の指導とも大きく関連していて、単に「簡単な場合についての割合」を位置付けたからといって単純に解決するようなものではない。

　そこで、今回の学習指導要領では割合の理解を確実に行うために、下図にあるように4年に3つの内容に割合の見方に関係する事柄が示された。

小学校算数4年
A（3）整数の除法
　…略…「基準量」、「比較量」から「倍」を求める場合についても除法が用いられる。さらに、…略…「比較量」、「倍」から「基準量」を求めるような場合についても除法が用いられる。
A（4）小数の仕組とその計算
　ある量の何倍かを表すのに小数を用いてもよいことを指導し、「基準量を1としたときに幾つに当たるか」という拡張した「倍」の意味について理解できるようにする。
C（2）簡単な場合についての割合（新設）
　二つの数量AとBの関係を、割合を用いて比べるとは、二つの数量のうちの一方、例えばBを基準にする大きさ（基準量）としたときに、もう一方の数量であるA（比較量）がどれだけに相当するのかを、A÷Bの商で比べることである。この表された数（商）が割合である。割合を表す数は、基準量を単位とした比較量の測定値であるともいえる。

学習指導要領解説 算数編における4年での割合に関わる内容（一部抜粋）

6 本単元との関連　A「数と計算」領域, C「変化と関係」領域

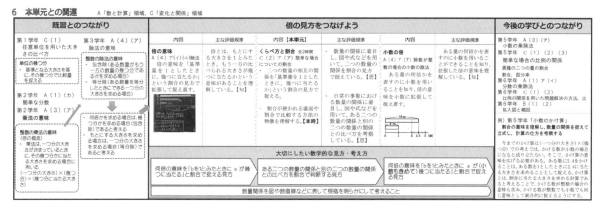

高知市立春野東小学校　算数科学習指導案　4年「倍の見方をつなげよう」（一部抜粋）

5年の割合でのつまずきの要因を踏まえて、その改善に必要な内容を前学年および次学年の指導との接続を意識しながら位置付けられたわけである。

- ○**乗除法の意味理解の不徹底** ⇔ 除法の計算の指導で基準量、比較量、および倍（割合）を求める際の計算方法の理解をする（3年からのつながり）
- ○**倍の拡張と割合の指導がつがならない** ⇔ 小数の意味指導において小数を用いた倍を取り上げ、倍を求める計算との関連を理解する（5年へのつながり）
- ○**倍と割合との関係が不明確** ⇔ 割合が整数で表される簡単な場合について取り上げ、倍を求める計算との関連を理解する（5年へのつながり）

これまでの単元のまとまりでは、それぞれは別の指導項目に位置付けられていることから、それらは独立した教材単元として設定されてきた。しかし、それでは子供はこれらの内容をばらばらで独立したものとしてとらえてしまい、内容を深く理解していくことが難しかった。そこで、数量の関係（割合・倍）に着目して、統合的かつ発展的に考えていくという数学的な見方・考え方を基軸に据えて一つの単元のまとまりで内容を整理することで、子供が割合とこれまでの学習との連続性や関連性を確認できるようにするとともに、体系的に大切な概念、内容等を理解できるようにしたわけである。

上図に示したのは、高知市立春野東小学校の学習指導案の一部（本単元と領域の関連）である。先述の4年の3つの内容を1つの単元のまとまりとして「倍の見方をつなげよう」という新しい単元枠を用意した。ここで注目すべきことは、3つの内容をつなぐ根拠として「大切にしたい数学的な見方・考え方」が明示されていることである。これによって教材をどのように構成したのかを読み取ることができる。また、前後の学年における学習内容との関連および系統を明確にすることによって学校組織として実践の質を高めることにも留意している。見方・考え方を基軸に据えると、学年（縦）や領域（横）を越えた教材の配列にも関心が向いていくことになる。

教材単元のまとまりを捉え直す

内容ベイスで描かれた教材単元を見直すことは簡単なことではない。しかし、単元づくりにおいて見方・考え方を基軸に据えるとは、子どもがそれを働かせて自ら学び進む文脈を描くということであり、このことは学びの主体を子どもに戻し、子どもたち自らが主体的・対話的で深い学びに取り組むために不可欠なことである。この新学習指導要領の授業づくりの主旨を実現するためには、春野東小学校の実践研究が単元のまとまりを見方・考え方からとらえ直して教材単元の再構成を試みたように、単元づくりの基本を捉え直す必要があると言える。

Profile

さいとう・かずや　横浜国立大学大学院修了。横浜市教育委員会首席指導主事、指導部指導主事室長、横浜市立小学校長を経て、29年度より高知県教育委員会事務局学力向上総括専門官、30年10月より現職。文部科学省中央教育審議会教育課程部会算数・数学ワーキンググループ委員。近著に『新教育課程を活かす能力ベイスの授業づくり』。

連続講座・新しい評価がわかる12章 [第7回]

評価観点「主体的に学習に取り組む態度」(その2)

● POINT ●

「主体的に学習に取り組む態度」は、他の2観点である「知識・技能」「思考・判断・表現」と相互依存の関係で評価する。「主体的に学習に取り組む態度」を見取り評価するための自己調整学習は、まずは「見通し・振り返り」学習の確実な実施から始めてみよう。

●他の2観点と相互依存で評価する「主体的に学習に取り組む態度」

「主体的に学習に取り組む態度」の評価は、「知識及び技能」を習得させたり「思考力、判断力、表現力等」を育成したりする学習場面に関わって、その意思的な側面を捉えて評価する。すなわち、「主体的に学習に取り組む態度」の形式的な態度を評価するのではなく、他の2観点と合わせ見取り評価することが肝要である。つまり、当該教科等の単元や題材において、「知識・技能を身に付けるとともに、思考・判断・表現をしようとしたりしている」という点を評価するのである。

例えば、生活科は各単元の全ての内容が「具体的な活動や体験(〜を通して)」「知識及び技能の基礎(〜が分かり・に気付き)」「思考力、判断力、表現力等の基礎(〜ができ)」「学びに向かう力、人間性等(〜しようとする)」という四つの要素で構成されている。したがって、「学校、家庭及び地域の生活に関する内容」では「(1)学校生活に関わる活動を通して(具体的な活動や体験)、学校の施設の様子や学校生活を支えている人々や友達、通学路の様子やその安全を守っている人々などについて考えることができ(思考力、判断力、表現力等の基礎)、学校での生活は様々な人や施設と関わっていることが分かり(知識及び技能の基礎)、楽しく安心して遊びや生活をしたり、安全な登下

校をしたりしようとする(学びに向かう力、人間性等)」である(下線、( )内筆者)。筆者が下線した部分を読むと分かるように(生活科では「基礎」と付くが)、「知識・技能」「思考力・判断力・表現力」「主体的に学習に取り組む態度」という3観点は相互依存の関係にある。

したがって、各教科等において、「知識・技能」「思考・判断・表現」「主体的に学習に取り組む態度」という各観点で、「C」「C」「A」あるいは「A」「A」「C」などといった評価結果は極端な例といえよう。「知識・技能」「思考・判断・表現」が「A」の場合には、「主体的に学習に取り組む態度」は「A」あるいは「B」と判断されることが一般的といえ、「C」の判断には極めて慎重になるべきであり、3観点であまりに極端な評価結果はあり得ないといえる。

なお、このことからも、今後は具体的な評価方法である児童生徒の自己評価、ノートやレポート等における記述、授業中の発言、他の児童生徒どうしによる相互評価、教師による行動観察等々の評価材料をよりよく見取る評価が教師にはいっそう求められよう。

●これまでの「見通し・振り返り」学習を確実に活かした自己調整学習を

上述した「主体的に学習に取り組む態度」を見取り評価するには、評価に先立つ指導として自己

関西学院大学教授 **佐藤 真**

さとう・しん　1962年、秋田県生まれ。東北大学大学院博士後期課程単位取得退学。兵庫教育大学大学院教授、放送大学大学院客員教授などを経て、現職。中央教育審議会専門委員、中央教育審議会「児童生徒の学習評価に関するワーキンググループ」委員、文部科学省「学習指導要領等の改善に係る検討に必要な専門的作業等」協力者、文部科学省「教育研究開発企画評価会議」委員、文部科学省「道徳教育に係る学習評価の在り方に関する専門家会議」委員、国立教育政策研究所「総合的な学習の時間における評価方法等の工夫改善に関する調査研究」協力者、独立行政法人大学入試センター「全国大学入学者選抜研究連絡協議会企画委員会」委員などを務める。

調整学習が重要である。まず今回は、その前段として「見通し・振り返り」学習について述べておこう。これまでの学習指導要領の「第1章・総則、第4・指導計画の作成等に当たって配慮すべき事項2」では、小学校では（4）また中学校では（6）で「各教科等の指導に当たっては、児童（生徒）が学習の見通しを立てたり学習したことを振り返ったりする活動を計画的に取り入れるよう工夫すること」が示されていた。また、これまでの『小学校学習指導要領解説・総則編』では、第3章・教育課程の編成及び実施の第5節・教育課程実施上の配慮事項で、「4　見通しを立てたり、振り返ったりする学習活動の重視」としても示されていた。注目すべきは、当時、この事項は「今回特に規定を新たに追加したものである」と記され、高等学校にも同趣旨の記述があったのである。

したがって、我が国のいずれの学校段階の学習過程であっても、「見通しを立てたり、振り返ったりする学習活動」が計画的に取り入れられ実施されなければならなかったのである。やはり、児童生徒が授業の導入段階で学習の見通しを確実にもち、展開段階で筋道を立てて考えたり、観察・実験したり、まとめ段階で学習活動・内容を振り返るなどの活動を計画的に取り入れ工夫された学習過程とすることが重要だったのである。

いつ、如何なる授業や学習であっても、児童生徒が見通しを立てたり、振り返ったりする「見通し・振り返り」学習活動が必要視されなければならないことについては、教育基本法第6条第2項で「教育を受ける者が、学校生活を営む上で必要な規律を重んずるとともに、自ら進んで学習に取り組む意欲を高めることを重視して行われなければならない」、また、学校教育法第30条第2項で「主体的に学習に取り組む態度を養うことに、特に意を用いなければならない」とある。このことからも理解できよう。

このような「見通し・振り返り」学習活動では、自己の学習状態を常に制御・統制したり、調節・調整したりするという学習機能が重要であり、そのような働きがなければ、単にめあてを板書したり、振り返りカードに書かせたりするのだけの、形だけの「見通し・振り返り」学習活動に陥るということには留意しなければならない。すなわち、「見通し・振り返り」学習活動は、各教科等の指導において計画的に取り入れられ、実施されるべきものなのである。

なお、自己調整学習は、学習の目標を立て、学習の方法を考えるという計画段階では目標設定や方略選択、学習を展開するという実践段階では自己学習や自己モニタリング、学習を評価するという評価段階では自己評価、それぞれの段階できめ細かな指導が最初は必要である。それを発達段階に合わせて児童生徒自身の手によって行われるように、小・中・高等学校の各教科・領域や科目等で継続的に実践することによって、自己調整学習は児童生徒に身体化し、常に自らの学びに展望をもち、そして省察によって深く思考する児童生徒の育成に結び付くのである。

[参考文献]
- 佐藤真編著『各教科等での「見通し・振り返り」学習活動の充実』教育開発研究所、2009年

学びを起こす授業研究

[第7回]

教育実習から授業づくりのポイントを探る

今年度の実習校訪問が終了した。8月から9月にかけての2か月間で17校園等（対象学生22名）訪問した。訪問先は保育園や幼稚園、児童館、乳児院、小学校等と多岐にわたる。前任校の鳴門教育大学教職大学院では現職院生の置籍校である小学校や中学校であったので、保育園や幼稚園等の訪問ではまだまだ緊張感が抜けないが、乳幼児の姿に、さすがに強面の筆者も自ずと笑顔になる。帰るときには何となくほんわかした気分に浸っている。

筆者は今年度の本誌連載では「学びを起こす授業研究」をテーマにしており、今春に編著『授業研究のフロンティア』[1] を出版した。大学2年のときに、授業研究に興味を抱いて故・水越敏行大阪大学名誉教授の門を叩いた。総合的な学習の時間や生活科、カリキュラム・マネジメント、ワークショップ型研修等、様々なテーマ・領域に手を染めてはいるが、その基盤には常に「授業研究」がある。そろそろ定年の時期を迎え、改めて授業研究に本格的に取り組みたいと考えた。その「原点回帰」のきっかけは甲南女子大学に移ってからの、特に小学校の教育実習にかかわる事前指導や事後指導である。教育実習の授業から授業づくりの課題やポイントを数多く見出すことができる。本号では、3年生A子の教育実習の4年理科「ヒトの体のつくりと運動」の授業を通して「授業づくりのポイント」を考えていきたい。

●「小さなPDCAサイクル」で日々成長する

実習校に着き、教頭の案内で校長室に入った。筆者から挨拶やお礼を述べる間もなく、学校長が熱く語られ始めた。「実習生とは思えないほどとても落ち着いている」「積極的に先生方に尋ね、それをすぐに生かしている」「昨年度から週に1回、学校に終日いて、放課後もチャレンジ教室のサポートをしてくれて大変助かっている」等々、手放しの賞賛をいただいた。

研究授業の指導案は必要事項が書き込まれている（資料1）。使用するワークシートも添付されている。事後指導の際に見せてもらったメモには研究授業に向けての試行錯誤の足跡がびっしりと書き込まれていた。その一部が指導案として形になっている。アイルランドに勝利したラグビーの日本選手もその要因として「準備」を挙げていたが、実習校の先生方に質・量ともにたくさんの指導を得て、準備し臨んだことが窺える。本時の目標は「自分の体を触ったり、骨の模型や図を活用したりして体の曲げられるところを調べようとしている」「ヒトの体には、骨と筋肉があり、関節は、骨と骨のつなぎ目であることを理解することができる」である。

研究授業直前の休み時間に女子児童の中でトラブルがあった。廊下では学級担任による対応が続いている。席に戻ってからも3名の女児は静かに泣き続けている。日直の挨拶とともに、A子は何事もなかったように落ち着き払って授業を始めた。3名の女児

「1．日時」「2．学年・組」「3．場所」「4．単元名」「5．単元の指導目標」「6．関連・系統（3年の「チョウを育てよう」から6年の「ヒトや動物の体」まで）」「7．単元について（児童観、教材観、指導観）」「8．単元の評価基準（自然現象への関心・意欲・態度、科学的な思考・表現、観察・実験の技能、自然現象についての知識・理解、の4観点）」「9．単元の指導計画（全4時間）」「10．本時の目標」「11．本時の展開（2時間目/4時間）」「12．板書計画」

資料1

村川雅弘
甲南女子大学教授

は顔を上げすっと授業に入っていった。実は、授業中も多動性のある児童の立ち歩きが時折見られたが、A子は終始落ち着いて対応していた。そのため、子どもたちの集中力は途切れることはなかった。直後指導でこの点について尋ねた。

「1回目の授業で予想外の答えが出たので戸惑いが顔に出てしまい、授業が止まってしまった。教師が不安だと、それは子どもに伝わる。堂々とやろうと決心した」と述べた。授業の随所で十年選手並みの対処・対応が見られたので、その点についても確認した。上手くいかなかったことや先生方にアドバイスを受けたことは次の機会にできるだけ修正するようにしている。実習が始まっての2週間足らずの間に「小さなPDCAサイクル」を回し、日々成長しているのだ。

明確な指示とアクティブでテンポよい授業展開

こうして授業が始まった。まず、前時の振り返りを行った。「ヒトの体は骨と筋肉で支えられていること」を指名・発表で確認する。その後、いったん教室を出ていく。そして、骨の大型模型を伴って来た。「友達のリカオ君です。今日1時間、みんなと一緒に勉強します」と紹介した（**写真1**）。子どもの興味・関心を一気に引き出した。全体を通して、指示や説明が端的かつ明確である。授業開始時は机上に置くものを確

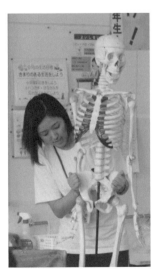

写真1

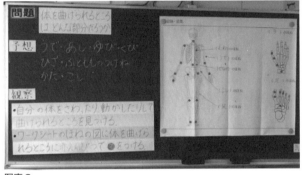

写真2

認している。「使わないものを机上に置かない」は基本である。めあて「体を曲げられるところはどんな部分だろうか」（この学校は「問題」）を掲示した。ここで時間をとらないように板書を避けている。黒板の左下に貼った「観察のポイント」（**写真2**）も同様である。板書は子どもの発言を中心にまとめるものに限定している。胸、腕、腰などの体の部位の確認及び観察の方法やポイントは大型模型を用い丁寧に説明した。個やペア、グループに分かれて学習を行う際には基本的に重要なことである。この部分を疎かにすると、後の机間指導がその確認と指導にとどまり、その後の学習（全体発表等）につなげるための個やペア、グループの考えや取組み方に関する情報収集に至らない。

まず、各自で自分の体を触って観察させた。曲がるところはどこかを見つけさせ、ワークシートの骨のイラストに赤丸をさせ、黒板にはその拡大したものを貼り（**写真2**最終板書の中央）、そこに赤いシールを貼らせて発表させた。次に、ペアに一つずつ手渡した小型模型を触って「曲げられるところでは、骨がどうなっているか」「曲げられないところでは、骨はどうなっているか」を見つけさせ、ワークシートに書かせた。

指示と個別学習、全体発表等は連動している。多

学びを起こす 授業研究 [第7回]

くの活動が用意されていたが、テンポがよく飽きさせない工夫があるので、子どもの集中が途切れることなく、45分ちょうどで授業は終了した。

机間指導をその後の展開につなげる

机間指導の機会は3回あった。1回目は個別に「曲がるところを見つけさせる」場面、2回目はペアで「曲げられるところと曲げられないところの特徴を見つけさせる」場面、3回目は最後の「振り返り」の場面である。子どもの様子を見ながら丹念に回っている。身振り手振りを入れながらやり取りしている（**写真3**）。

写真3

通常の授業研究とは異なり、教育実習の授業参観の際には、個別やペア、グループによる活動のときも教室の後ろで大人しくしている。そのため細かいやり取りは確認できない。そこで、事後指導の際には「机間指導のときにはどう考え、かかわっていたのか」と聞くことにしている。

A子は「まず、説明したことが分かってできているかを確認する」「今日も何人かがワークシートに書く内容を勘違いしていたので説明した」「発表するのが苦手な児童に対しては、褒めて自信をもたせて、『発表してね』と言う」「算数などでは指名の順番を決めるために考え方や解き方を確認している」などと答えた。その対応の仕方については、実習中に先生方の姿を見て習得したようである。

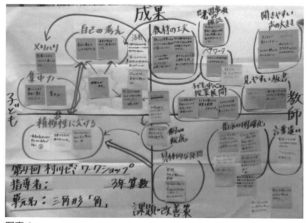

写真4

大学の授業でも机間指導の大切さを伝えている。ともすれば個別対応に追われて、個々の子どもの把握と情報収集が疎かになることが少なくない。

例えば、**写真4**は2年前の実習授業（3年算数）を当時の3年ゼミで分析した成果物である。「概念化シート」で分析した。「よかった点・参考になる点」は水色、「疑問や問題点」は黄色、「助言や改善策」は桃色の付せんを使用している。この授業分析でも机間指導が争点となった。B子は実にまめに机間指導を行っていた。あっちに行けばこちらが気になり、こっちに行けばあちらが気になる。個々が問題を解いている10分程の間に教室を5周ほどしていたように思う。その後に全体学習となったのだが、三十数名の中で挙手したのは男子児童3名であった。そのことは分析シートの左半分からも読み取れる。筆者も授業参観していたのだが、このクラスの児童はかなり集中力が高く、理解もできている。しかし、積極性に欠ける。ではそのような場合どうすればよいのか。机間指導が勝負どころとなったのである。

中央下の分析結果から「B子さんは机間指導をすごくやっていた。5回ほど回っていたのを2回ほどに減らして、どの子がどんな考えをもっているのか

● Profile
むらかわ・まさひろ　鳴門教育大学大学院教授を経て、2017年4月より甲南女子大学教授。中央教育審議会中学校部会及び生活総合部会委員。著書は、『「カリマネ」で学校はここまで変わる！』（ぎょうせい）、『ワークショップ型教員研修　はじめの一歩』（教育開発研究所）など。

を確認しておけば、全体での話し合いのときに個別に発問ができて、学級全体の活性化につながったんじゃない」というまとめに繋がった。この事例は次年度以降のゼミでも触れているのでA子が参考にしてくれていたら本望である。

本時のまとめを子どもから引き出す

骨の模型の観察を通して発見した子どもの発言をもとに整理していった。事後指導の際、A子はこの場面でミスしたことが、後のまとめに影響したと反省している。「曲げられるところ」と「曲げられないところ」を比較した際に、子どもの発言のポイントのみを板書しようとして大事な言葉を略してしまったことを悔やんだ。つまり、**写真5**（最終板書の右3分の1）にもあるように、「〇曲げられるところ」と「×曲げられないところ」の特徴をともに「つながっている」と書いてしまっている。前者は「（2本の骨が）つながっている」と板書していればその後の展開も変わっただろうし、後者は「1本の骨がつながっている」という表現は正しくはないことを確認する必要があった（A子は後で触れている）。筆者は先日、主治医から「骨がつながっています」と言われて喜んだばかりだが、それは折れて離れていた骨が一つになったことを示している用法である。改めて言葉

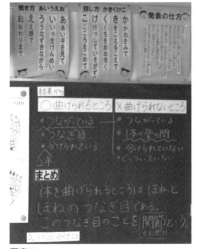
写真5

は難しいと実感する。「つなぎ目」と「関節」のキーワードは子どもから出た。「つなぎ目」に関しては電車の連結を例えに出した。国語だけでなく全ての教科等においても一つ一つの言葉を吟味し使うことの必要性を学生と確認していきたい。

これまで紹介してきたように順調に運んできた授業であったが、最後の「まとめ」の場面でA子が主となりまとめてしまった。これは実習生に限ったことではない。「主体的・対話的で深い学び」を研究テーマに挙げている小・中学校の中堅・ベテラン教師も陥ってしまうことだ。筆者はその度に「一番おいしいところを先生がもっていってはいけない」と言う。教師が上手く整理したまとめを子どもが黙々と写している様子を見ると、思わず「もったいない」と思う。

「まとめ」の直前に「問題」を改めて確認したり、「つなぎ目」「関節」のキーワードは赤字で書くように指示するなどきめ細やかな手立てを打っていた。「まとめ」の前の「結果から」の板書において、そこから「まとめ」を子どもが自分の力で導き出せるように、例えば、「まとめ」で使ってほしい言葉は明確に板書しておく、キーワードに下線を引くなどの工夫が欲しかった。

授業を展開していく上で、実習校が定着させてきた「聞き方」「話し方」「発表の仕方」（**写真5**の上部）等を踏襲できたのも有効であった。実習生はその基盤の上で、様々な教材や活動の工夫が活かされる。実習授業としてモデルとなる貴重な事例となった。後進の指導に役立てたい。

[参考文献]
1　吉崎静夫監修、村川雅弘・木原俊行編著『授業研究のフロンティア』ミネルヴァ書房、2019年

カウンセリング感覚で高める教師力
[第7回]

カウンセリングにも制限がある?

 その必要性

　カウンセリングは甘いのではないか？　という人がいます。今回はこの問題を考えます。
　カウンセリングの場では傾聴や受容、共感性などを重視することから、〈なんでも受け入れる・許す〉との認識があるかもしれません。本連載の第3回の中で、セラピー関係の特性（ロジャースの論）の一つとして、〈行為の制限〉があることを述べました。「クライエントが自分の洞察を深めるセラピーの面接では明確な行為の制限がある」と。
　自分勝手に好きなことをして、それを良しとする社会や事態は考えられません。世にいう〈自由のはき違え〉の何物でもありません。私たちが理解する〈自由〉は、その人が自分の感情をありのままに表現し、そこにある自分を直視することに対して付与されるものであると考えます。換言すれば、自分のことも他者のことも理解している人に〈自由〉があると考えることです。人権教育でいう「自分の大切さとともに他の人の大切さを認めること」[1]への注意深い認識が求められます。自他の大切さを日常の言動においてもバランスよく飄然と成す人のことでしょう。ありのまま（being）の自分を大切にすることです。ここに受容や共感による相手のことを〈わかる〉感覚と認識が少しずつ醸成されていくものと考えます。

 こんな場合は？

　ロジャースは、クライエントにとって役に立つカウンセリングを重視しながらも、次のような場面を例示しています[2]。

- もしも子どもが贈り物をねだるならば、果たして与えるであろうか？　どの程度まで与えてやめにするであろうか？
- もしも子どもが肉体的な愛情を求めるならば、それを満たしてやるであろうか？　無限にできるであろうか？
- もしも子どもが自分と両親もしくは学校との間をカウンセラーがとりなして欲しいと思っているならば、そうしてやるであろうか？　何回ぐらいそうしてやるであろうか？
- ある不適応の少年が、トイレにいるカウンセラーを観察したがったが、それは許容されるべきであろうか？

　クライエント（子供）を傷つけないように配慮し過ぎたり善意に導かれ過ぎたりすると、ついには時間や愛情、責任に対する要請がカウンセラーにも手に負えないぐらい大きくなることがあります。この危惧をロジャースも指摘しています。「過ぎること」が、その関係性を破壊してしまうことがあります。
　そこでは援助しようとする愛情や欲求が〈回避と嫌悪〉に変化してしまう事態がみられるでしょう。カウンセラー（先生）も相手を非難したり拒否したりすることに発展することもあるでしょう。結果は明らかです。クライエントを〈裏切ってしまう〉ことになります。子供も先生もこの事態によって永遠に深い傷を負うことが容易に予見できます。

 4つの制限

　ロジャースは一般的な形式としながらも、責任、時間、攻撃的行為、愛情の4つの制限（Limitation）の大切さを指摘しています。
　第一は、「責任」の制限です。カウンセラーがクラ

東京聖栄大学教授
有村久春

ありむら・ひさはる　東京都公立学校教員、東京都教育委員会勤務を経て、平成10年昭和女子大学教授。その後岐阜大学教授、帝京科学大学教授を経て平成26年より現職。専門は教育学、カウンセリング研究、生徒指導論。日本特別活動学会常任理事。著書に『改訂三版　キーワードで学ぶ　特別活動　生徒指導・教育相談』『カウンセリング感覚のある学級経営ハンドブック』など。

イエントの〈私の問題（訴え）を引き受けよ〉とする主張にどのように向き合うか？　ということです。これまでに紹介したロジャースの論からも、「責任はクライエントに委ねられるのが最も援助的である」との理解に立つことが基本です。自分の問題に自ら悩み、それに自己対決（confrontation）することがカウンセリング過程に欠かせないからです。この理解と関係づくりが不十分だと、「先生がうまく教えないからテストの点が悪い」「うちの子の問題を先生が見つけてください。私は何でもしますから……」「係のポスターが仕上がらないのはメンバーにやる気がないからだ」などの事態に陥りがちです。

　第二は、「時間」の制限です。クライエントとの間で「これから40分の時間を取りましょう」として、カウンセリングをスタートします。ここでの時間はクライエントが利用しようとしたくなかろうと、彼の時間なのです。この考え方がカウンセリングにおける時間の理解です。この時間活用の自由をクライエント自身が自己コントロールする体験そのものが時間制限の意味です。学校での授業時間も、子供の勉強時間であって教師の時間ではない、とする理解が基本ではないでしょうか。

　第三は、「攻撃的行為」の制限です。例えば、「プレイルームの遊び道具は好きなように使ってどのように遊んでもいいが、おもちゃを持ち帰ったり壊したりすることはできない」とする考えです。カウンセラーや教師に文句を言ったり罵声を浴びせたり、困惑させたりする行為は、クライエント自身の内面的な感情表出であることがあります。もっと自分を見てほしい、先生のことが知りたい、別な私に気付い

てほしいなど、愛情欲求の裏返しの表現でしょうか。

　最後は、「愛情」の制限です。この制限の考え方や場面はクライエントの発達的な成長に差異があるように思います。例えば、お菓子をねだってそれが実現する（幼児）、算数の問題を正解したから遊びの時間を得る（児童）、これらの提供を邪魔に感じる（思春期の生徒）、カウンセラー・教師とのひと時や話に性的な魅力を感じる（どの年齢にも）などです。この体験は、不一致にある人にとって自分への洞察を深め、健全な自己に適応するチャンスでもあります。カウンセリングルームや教室空間などで醸し出される関係です。ここでの愛情がそれ以外で営まれることへの制限がカウンセリングに求められます。

　　　　　　　＊　＊　＊

　〈ええ……私たちは、いい問題に気付きましたね。一緒にこれを克復していきましょう〉とする先生の問いが、そのケースのカウンセリングをより強固な方向に導きます。

　制限の事実や場面をクライエントと「先生」が直面する体験そのものがカウンセリングです。〈話はよく聴き受けるが、その問題の解決はあなた自身です〉との関係づくりをすることです。「自己対決から自己解決へ」の漸進的かつ紆余曲折のある営みに、カウンセリングの意味と有用性があると考えます。

［注］
1　文部科学省「人権教育の指導方法等の在り方について」（第三次とりまとめ）平成20年3月
2　カール・ロジャーズ著、佐治守夫編、友田不二男訳『カウンセリング　改訂版』（『ロジャース全集』第2巻）岩崎学術出版社、1966年、p115

ユーモア詩でつづる
学級歳時記

[第7回]

白梅学園大学教授
増田修治

ますだ・しゅうじ　1980年埼玉大学教育学部卒。子育てや教育にもっとユーモアを！と提唱し、小学校でユーモア詩の実践にチャレンジ。メディアからも注目され、『徹子の部屋』にも出演。著書に『話を聞いてよ。お父さん！比べないでね、お母さん！』『笑って伸ばす子どもの力』（主婦の友社）、『ユーモアいっぱい！小学生の笑える話』（PHP研究所）、『子どもが伸びる！親のユーモア練習帳』（新紀元社）、『「ホンネ」が響き合う教室』（ミネルヴァ書房）他多数。

プロジェクトX

後藤　容司郎（仮名）

今日クラスで／水谷君の勉強ができないので、／「水野君学習プロジェクトX」というきかくを作りました。／放課後の／「ひらがな」「カタカナ」「九九」などの担当をそれぞれ決めて／十分ごとにやります。／今日やったけど、／すごく大変でした。／容司郎は、「すごく大変でした」と言っていますが、こうしたことの繰り返しがこのプロジェクトXと私の個人指導の双方によって、邦夫もクラスのみんなも変わっていきました。邦夫は基礎学力がみるみる向上し、トラブルを起こさなくなると同時に、クラスのみんなへの感謝の気持ちをもつようになりました。また、クラスのみんなは、邦夫への理解を深めていき、仲間として迎え入れるようになりました。

それにしても、1・2年生の担任の先生が、邦夫のイライラ感の原因が「勉強ができるようになりたい」という願いであることに気が付けば、邦夫はこんなに苦しまなくてもすんだのです。プリントをたくさんやらせるのではなく、一人ひとりの分かり方に合わせて教えてあげることが大切なのです。大人になって問題を起こす人の生育歴を調べると、小学校2年生くらいから勉強についていけなくなり、友達からバカにされたり、イジメに遭ったり、先生から不真面目と言われていたとのこと。学校は、「子どもの将来に関わる大事な仕事なのだ」と心に刻んでほしいのです。

子どもは、人に教えることでより分かるようになると同時に、「分からなさを理解する」ことができるようになります。この「分からなさを理解すること」が、子どもの学びになるのです。容司郎は、「すごく大変でした」と言っていますが、こうした思いやりを育て、他者理解の能力を高めるのです。

このプロジェクトXと私の個人指導の双方によって、邦夫もクラ

「何か役割を与えて自己肯定感を高める」と、判で押したように答えます。俗に言う「褒める教育」です。もちろん、褒めることは悪いことではありません。しかし、こうした低学力の子どもは「認知能力に難がある」ことが多いのです。つまり、反省させようとしても、「何をどう反省していいのか？」が分からないのです。

邦夫は、勉強が嫌いなのではないのです。やってもできるようにならないという経験を積み重ねていくうちに、あきらめてしまっただけなのです。さらに追い打ちをかけたのが、邦夫の家庭の複雑さでした（家庭で学習に集中できる環境ではない）。

こうした子どもに対して大事なのは、きちんと学力をつけ、認知能力を高め、みんなに認められることなのです。私は、邦夫のことについて、次の詩にあるように、学級で取り組むことにしました。

ユーモア詩でつづる学級歳時記

■今月の「ユーモア詩」

二小にきて

水谷　邦夫（仮名・3年）

ぼくは
べんきょうが できません。
ひらがなもかけません。
みんなは
べんきょうが できます。
できるようになりたいけど
なかなかできるように
なりません。
だから学校へ
いきたくない時があります。
ぼくもべんきょうが
できるようになりたいです。
1・2年生の時に
べんきょうが できなくて
くやしくて
人をなぐったことがあります。

■2時間もの対話

邦夫は、私の勤務する第二小学校に二学期から転入してきました。「遊ぶときに、友達がすぐに入れてくれなかった」とか「みんなはオレばかり注意する」などと言っては、暴れるのです。相手を殴ったこともあります。

転入してきて1か月ほども経った一〇月末に、放課後に時間をとって丁寧に話を聞くことにしたのですが、いつもどおり、暴言やきつい言葉が返ってきます。私は、「君がきつい言葉で言い返したり暴力を振るってしまうのには、どうしても別の理由があるように思うだけど、どうかな？」と聞いてみました。

すると、「先生は、僕のことをダメな奴だと思っているでしょう」と言うのです。「どうしてそう思うの？」と聞くと、「だって、3年生にもなって九九もできないし、ひらがなだって忘れちゃうんだよ」と言うのです。「先生は、勉強ができないからって、ダメだとは思わないよ」と言うと、邦夫はポツポツと語り始めたのです。

「ひらがなが書けないから、イライラする」「みんながだんだん勉強ができるようになっているのに、僕はちっともできるようにならない」「家で役立たずと言われるし、九九もできないと言われる」などと涙を流しながら話してくれたのです。

「じゃあ、その気持ちを詩にしてみようね」と言いながら、ゆっくりと聴き取っていきながら2時間かかって出来上がったのが、この詩なのです。

■11月の学級づくり・学級経営のポイント

「褒める教育」だけではなく、「認知能力」を高める教育を

すぐにカッとなって手を出す子でした。

問題行動を起こす子どもの事例をもとに、たびたび先生方と学習会をします。すると、「いいところを褒める」「自信をつけさせる」

UD思考で支援の扉を開く
私の支援者手帳から

[第7回]

指導論にまつわる煩悩（3）
反省指導

　多くの支援者から「支援対象者の誤った行動をやめさせたい、そして二度と同じことをしないように反省させたい」という声を聞きます。しかし、反省させることで誤った言動の再発は止められるのでしょうか。答えは「否」です。誤った行動を止めることで反省指導の効果を求めるというのは虫が良すぎると私は思います。それは、行動を止めることと反省をさせることは別物だからです。今回はこのことを考えてみたいと思います。

メタ認知

　まずは、反省指導の前提として、メタ認知について考えておく必要があります。物事に対する自分の考えは相手と共通する部分もありますが、違う部分もあります。相手を理解するためには、自分自身のことはもとより、相手の側から物事を考えることができるということです。当たり前のことですが、このように俯瞰して物事を捉えられることがメタ認知です。

　叱責されることで誤った行動をやめることができる人は、相手の立場でものを見つめ直すことのできる人、つまりメタ認知ができる人です。一方、叱責されても誤った行動をやめられない人は、自分と他人の考え方の違いを理解できにくい人、つまりメタ認知が苦手な人だということです。そこで、支援対象者を叱責しようとする支援者は、従来の叱責が使える相手かどうかを見極める必要があります。もっとも、メタ認知ができる人であれば、誤った行動はとらないでしょうし、間違ったことをすれば「しまった」と思い、反省もするでしょう。私たちのお相手は、メタ認知が苦手な人たちであると認識すべきであることは言うまでもありません。

止めることと反省させること

　私には、叱責に対する決定的なジレンマがあります。不適切な行動を止め、反省を求めるような二兎を追うようなことができるか、不適切な言動を変える力があるかということです。誤った言動は、いろいろな理由が積み重なって形成されます。つまり、複数の要因から構成され、多層的とも呼ぶべき課題をもったものが誤った言動となって表れていることが多いのです。しかし、支援者の方では、支援対象者に「心構え」を説くといった切り口のみで対処しようとします。それでは、一時的に誤った行動を止めることはできても、反省を促すところまでには行き着きません。逆に言えば、叱責には、誤った言動を一次的に止める効果しかないと考えるべきだと思います。

　それでは叱責は誰のためにあるのでしょうか。叱責は社会通念を満たすために存在してきました。社会通念を教えるということについては、叱責は効果をもっていると言えます。ただ、それで反省までの効果を得られるお相手なら、始めから誤った行動はとらないでしょう。誤った行動をとる支援対象者は、叱責が反省にまで至らないお相手だと考えなくてはなりません。このことを考えない叱責は、支援対象者のために必要なものではなく、支援者の納得のために必要なものに過ぎないということを押さえてお

小栗正幸
特別支援教育ネット代表

おぐり・まさゆき　岐阜県多治見市出身。法務省の心理学の専門家（法務技官）として各地の矯正施設に勤務。宮川医療少年院長を経て退官。三重県教育委員会発達障がい支援員スーパーバイザー、同四日市市教育委員会スーパーバイザー。（一社）日本LD学会名誉会員。専門は犯罪心理学、思春期から青年期の逸脱行動への対応。主著に『発達障害児の思春期と二次障害予防のシナリオ』『ファンタジーマネジメント』（ぎょうせい）、『思春期・青年期トラブル対応ワークブック』（金剛出版）など。

くべきです。

　また、そもそも反省には誤った考え方や、望ましくない行動を制御する力があるかというと、「そんなものは始めからない」と思います。少々挑戦的な理論展開となってきました。このようなことを言うと批判を受けそうですが、そこに私の叱責に対するジレンマがあります。

　叱責によって誤った行動を一次的に止めることはできるけれど、反省までには至らない、さらには、反省によって行動が変わることも望めないとなると、従来の対応では立ち行かないということになります。

反省の意味

　反省による効果が期待できないとしたら、反省指導そのものが否定されてしまいかねません。しかし、反省指導は実は必要性が高く、意味のあるアプローチです。

　そこで、叱責と反省指導のアプローチについて考えてみましょう。

　叱責が自分に対する悪意によって行われていると思われては意味がありません。支援対象者が悪意を感じてしまえば、反発や自己卑下、支援者へのシャットダウンとなりかねません。支援者と支援対象者の間に、クリエイティブなやり取りが構成されることが必要です。

　そのためには、前回紹介したように、授業中にどうしてもおしゃべりをしてしまう子には、その子の机にそっと手を添えてみて、おしゃべりが止まるとグッジョブサインを出してみるといったような、ポジティブな関係性を築くことで、安心して支援者とコミュニケーションができる状況が生まれてくるわけです。これも叱責の一つの形なのです。

　しかし、こうした支援対象者は、今後も不適切な行動を繰り返すでしょう。不適切な行動の抑制に持続的な効果を与えるのは、叱責の役割ではありません。

　ポジティブな関係性が出来てきたら、そこから約束の練習や、やるべきことを維持できる対人関係づくり（連載第２回参照）、満たすべきスキルの獲得といったことが支援の目標になります。

　ここでの反省は、私たちが一般に考えるものだけでなく、望ましい行動が持続することを含みます。支援者が支援対象者とポジティブなコミュニケーションがとれる関係性を築きながら、望ましい行動が持続できるための手立てを考えていくことが大切なのです。

　叱責は、一時的に誤った行動を抑制するためのもの、反省は、様々な手立てを講じて持続的に望ましい行動ができるようにしていくことです。

　まずは、叱責を濫用しないこと、そして、叱責に過剰な要求を課さないこと、それだけの配慮で、叱責は効果のある即時対処法となります。そして、支援対象者との間の信頼関係を土台に、望ましい行動がいかに気持ちのよいものか、自分が認められるものであるかということを実感させながら、できるだけそれが持続していけるような工夫を行い続けていくことが支援者に求められているのです。　（談）

進行中！
子どもと創る新課程 [第7回]

生活科・国語・図画工作の関連的指導
第2学年　図画工作「ぼかしあそびで」を通して

●step7
　図画工作で、表現することに対する子どもの苦手意識を低減するために、身近なクレヨンを使用し、生活科と国語の関連的指導を行った。子どもたちは、手の感覚を働かせ、ぼかしの効果を楽しみながら、自分の思いを表現していった。

　図画工作の学習は、得意な子どもにとっては、自分の発想を生かす楽しい時間である。一方、表現の仕方が分からない、何をどう表現したらよいかはっきりしない子どもにとっては、図画工作の学習は、つまらない時間となりがちである。
　本稿では、生活科や国語と図画工作の関連的な指導を通して、表現することに対する子どもの苦手意識を低減させる一事例として、描画材料クレヨンを活用した第2学年の図画工作「ぼかしあそびで」を紹介する。

描画材料クレヨン
（1）描画クレヨンを活用した表現方法の指導
　クレヨンは、低学年の子どもたちが最も使い慣れている描画素材の一つであるが、描いたり塗ったりする行為は経験していても、こすってぼかすという行為は、あまり経験していない。今回は、クレヨンを使ってぼかしの効果を楽しむ活動を行った。
（2）技能の育成
　ここで身に付ける資質・能力は、①身近で扱いやすい材料に十分に慣れる（クレヨン）②手や体全体の感覚などを働かせる（手や体全体の感覚や自分の気持ちが一体となって技能を働かせる）③表したいことを基に表し方を工夫して表す（クレヨンの色を選び、表し方を工夫して表す）である。
（3）クレヨンのぼかしからイメージを広げる
　最初に、クレヨンから色を選んで一本線を引く。紙の上に引かれた線を、こすってぼかしてみる。最初に引かれた濃い色からフワッと淡くぼやけて、一瞬で線が面に変わり雰囲気をもった。「わあ！」という声が子どもたちから上がった。ぼかし方によっては、立体的に見えたり、動いて見えたりして、色が混ざると一層効果的になった。子どもたちは、「雲みたいにフワフワになったよ」「色が混ざると、きれいだな。もっと他の色で試してみよう」「なんか、面白い。えかきさんになったみたいだよ」と、指やティッシュペーパーで、簡単にぼかしの効果を楽しみながら、次々と活動が発展してイメージが広がっていった。

写真1　　　　　　　写真2

（4）できた模様から形見つけ
　ぼかし遊びの途中で、子どもたちは自分の作品を見ながら、「虹みたい」「算数で勉強した三角形と四角形ができたよ」「なみなみにしたら、海みたいになった」「色を重ねていたら、虹ができてすごいなあ。もっと続きをかいてみよう」と、いろいろなぼかし遊びを通して、できた模様から形見つけをしていた。
（5）色の雰囲気から場面を想像
　いろいろな色で形ができてきたときに、担任は子どもたちに、「どんなお話が生まれるかな」と声をかけた。すると、子どもたちは、そこから見えてくる形や色から場面をイメージして「この間、町探検したお店に、お花が咲いているところができたよ」「海の上に虹が見えたきれいなところ」と、さらに描いてぼかすという活動を繰り返し行った。いろいろ試してイメージを重ねる活動のプロセスが、多様な表

仙台市立荒町小学校教諭
鈴木美佐緒

現方法を身に付けることでつながっていった。模様から発想したり、自分の好きなものからイメージして形や色を構成したり、内容はさまざまであるが、その子どもらしい作品に仕上がった。

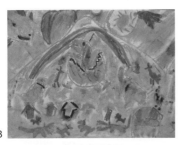
写真3

写真4

写真5

写真6

表現したいことを明確にするための指導

（1）生活科の町探検の学びを生かして

町探検後の振り返りのときに、子どもたちは、「こんな町にしたい」という思いや願いを共有し、それを歌詞に取り入れ、町探検テーマソングとして歌っている。

> 1　ぼくはぼくの町を、こんな町にしたいんだ
>   　元気にあいさつ　笑顔であいさつ
>   　心がかよえる町
>   　※そんな町ぼくらの町みんなの町すてきな町
>   　一人じゃできないから、力合わせてつくっていこう
> 2　ぼくはぼくの町を、こんな町にしたいんだ
>   　優しさにあふれて　みんなが助け合い
>   　宝物たくさんの町　※くりかえし
> 3　ぼくはぼくの町を、こんな町にしたいんだ
>   　伝統のある町　じまんの荒町
>   　世界で1番の町　※くりかえし

M児は、「季節ごとに咲くお花がたくさんある町はいいな」「みんな笑顔で元気な町にしたいな」という思いや願いをもち、元気な町を表現するために明るいクレヨンの色を選んで、ぼかし遊びを楽しんだ。

（2）国語の説明文と関連させて

国語の「じゅんじょよく書こう」の単元を図工の鑑賞のときに取り入れた。子どもたちは、どんなことをしたか、どんなことを思ったのか、書く順番を考えて文章に書いて説明した。

子どもたちは、お互いの作品の説明文を聞きながら、作品を見て「フワフワしている中にいろいろな色があって、とてもきれい」「こんな町に住んでみたいね」「色を混ぜると、不思議な色になったね。ぼくもやってみたいな」「ぼかし方にも、色々な方法があってびっくりしました」「物語の続きをもっと知りたいな」などの声が上がり、自分と友だちの良さに気付くことができた。

> 【子どもが書いた振り返り】
> 　はじめに、わたしは、クレヨンでぼかしあそびをしました。クレヨンで好きな色を選びました。つぎに、クレヨンで線をかいて、手でクレヨンをこすったら、どんどん色や形がかわっていって、ふしぎだなあとおもいました。くもみたいに、ふわふわになっていきました。それから、さんすうでべんきょうした三かく形や四かく形ができたので、町たんけんをしたときのおみせのことをイメージして、みんな元気でえがおでいられるように、クレヨンの明るい色をえらんでかきました。
> 　友だちから、「こころがあたたかくなるようなえだね」「きれいな色のもようですごいね」「町の人もよろこぶね」と、いわれて、とってもうれしかったし、がんばってよかったなあとおもいました。

[第7回]

言葉を交わさない対話的学び

東海国語教育を学ぶ会顧問
石井順治

話し言葉のない対話的学びも

　言葉を交わさない対話はあり得ない、だれもがそう思いがちです。しかし、対話的学びは話し言葉を介さなくても可能です。いえ、場合によっては、話し言葉によるものより深い学びが実現できることもあります。

　私たちは、自らの意思を他者に伝え、他者の意思を受けとめ、互いの意思のかかわりからよりよいもの、さらに深いものを見つけ出そうとするとき対話を行います。そのときのツールはほとんどの場合、話し言葉ですが、書き言葉でも意思のつながりはつくれます。音声を発しない動作・身振りではどうでしょうか。そう考えてだれもが気づくのは手話です。手話が人と人をつないでいる場面を思い起こせば、それがいかに大切な対話のための手段であるか理解できるでしょう。

　要するに、対話は、他者の存在を意識し、他者とともに生きようとする心持ちがあれば、さまざまな行い方によって可能になるのです。ですから、教室においてもさまざまな方法を講じるべきで、間違っても対話とは話し合いという固定的な考え方をしないようにしたいものです。

書き言葉を介した対話的学び

　中学校３年生英語、Arnold　Lobel作の『Frog and Toad Are Friends』という絵本に収録されている「The Letter」（翻訳本『ふたりはともだち』においては「おてがみ」という題名。小学校の教科書に掲載されている）をテキストにした授業でのことでした。教師が提示した課題は、「あなたがFrogならToadに向かってどんな手紙を出し、それをどんなふうに読んであげますか」でした。

　その日の授業では、すべての子どもがすでにToadに対する英文の手紙を書き終えていました。そのうえでそれをバージョンアップし、Toadに向けて英語で読めるようにするという学びでした。そのバージョンアップのために、書き言葉を介した対話的学びが行われたのです。

　教師は、自分の書いた手紙を机の上に広げ、各グループを一つひとつ巡って自由に読んで回り、気に入った英文の表現を学んでくるように指示しました。子どもたちは、クラスメイトの書いたものを次々と見ていきます。食い入るように見つめる子ども、急いでメモしている子ども、その手紙の書き手を探して何か質問している子ども、一つの手紙を二人で見て何か語り合っている子どもなどさまざまです。つまり子どもたちは書かれている文字を媒介として、その文を書いた仲間と心の中で対話し自分自身とも対話していたのです。

　その結果、たとえば、たった一人の子どもしか書いていなかった「cheer up（元気出して）」がバージョンアップによって何人もの子どもに広がっていったり、英文ではどう書いてよいかわからず日本語でしか書けていなかった子どもが３行にも及ぶ英文を書くことができたりしたのでした。

　一般に、英語科に限らず、子どもたちに何か書かせた場合、そのうち何人かの子どもに読んで発表さ

●Profile
いしい・じゅんじ　1943年生まれ。三重県内の小学校で主に国語教育の実践に取り組み、「国語教育を学ぶ会」の事務局長、会長を歴任。四日市市内の小中学校の校長を務め2003年退職。その後は各地の学校を訪問し授業の共同研究を行うとともに、「東海国語教育を学ぶ会」顧問を務め、「授業づくり・学校づくりセミナー」の開催に尽力。著書に、『学びの素顔』(世織書房)、『教師の話し方・聴き方』(ぎょうせい)など。新刊『「対話的学び」をつくる　聴き合い学び合う授業』が刊行(2019年7月)。

せることが多いのですが、それではすべての子どもが自分の意思で対話的に学ぶことはできません。それに対して、このやり方だとすべての子どもが対話的学びを実行できます。話し言葉より書き言葉のほうが効果的なこともあるのです。

表情・仕草による対話的学び

　四人グループで取り組んでいるときでした。四人の子どもはそれぞれに考えているようなのですが、そのうちの一人が何も話そうとしませんでした。プリントにも何も書いていません。そのことに他の子どもたちが気づき、こう声をかけました。
　「○くん。わからんことあるの？　困っていることある？」
　この後、彼は自分のわからなさを出し、そこから考える道筋を見つけることができたのですが、そこには表情から何かを察した仲間のかかわりが存在していました。
　もちろん、こういう子どもが自ら「これ、どう考えたらいいの？」と尋ねることができるようになるのが理想です。けれども、その前段として仲間の表情・仕草から何かを察知できる子ども同士の関係が必要なのです。
　ある学級でのことでした。授業が半ばに達したとき、子どもたちの考えがある一つの傾向に収束していこうとしていました。そのとき突然、一人の子どもが手をあげました。全員が注目します。その子は立ち上がります。しかし言葉が出てきません。何をどう言ってよいのかわからないようです。けれども、今、収束しかけている考えに納得していないということはその表情から感じ取れます。そのとき、子どもたちがすぐグループを組んで、収束しかけていた考えでよいのかどうか再度考え始めたのです。当然、何かを言おうとした子どものグループでは、その子どもの考えを訊きだそうと額を寄せ合っていました。
　これらの事例を目にすると、対話的学びは、話し言葉だけでは不十分だということがよくわかります。教科によっては話し言葉ではない方がむしろ大事だということもあります。美術の授業において、仲間の描いた作品や制作中の作品から学ぶ場面を設けるなどはそのよい例でしょう。授業に当たっては、話し言葉以外の手段ででも学び合う機会を積極的に設けるようにすべきです。
　そのために大切なことがあります。それは、確かな課題意識に基づく聴き合うかかわりをつくることです。それがあれば、たとえ話し言葉にならないもの、話し言葉以外で表されたものであっても、仲間の心の内に生まれているもの、仲間が表そうとしていることに気づくことができるからです。それが自分の考えと異なるものであったとしても、想定外のものであったとしても。
　聴き合うということは、互いの考えを双方向に伝え合うということです。ということは他者を尊重する聴き方がお互いにできているということです。対話的学びに不可欠なのはそういう他者関係なのです。
　教師はそういう他者関係のある学級をつくらなければなりません。それには、子どもよりも先に教師こそが子どものさまざまなものを感じ取る感覚を身につけるよう心掛けたいものです。

スクールリーダーの資料室

●Education 2030
OECD Education 2030 プロジェクトについて（日本語仮訳）

2018年2月　OECD（経済協力開発機構）

　OECD（経済協力開発機構）は、2018年2月、2030年の教育のあり方を展望する「Education 2030」の概要をまとめた。

　これは、2030年という近未来には、世界全体があらゆる分野での変革が予想されることを踏まえ、この不確定な新たな時代に、どのような教育が必要かをOECD加盟国で考えていく枠組みを示したものである。

　ここでは、「新たな価値を創造する力」「対立やジレンマを克服する力」「責任ある行動をとる力」の3つの力の育成が必要とされている。

　「新たな価値を創造する力」では、「他者との協働により既存の知識から新しい知識を生み出すことを通して」イノベーションが引き起こされるとし、適応力、創造力、好奇心、新しいものに対して開かれた意識などが必要とした。

　「対立やジレンマを克服する力」は「矛盾した考えや相容れない考えや論理、立場についても、それらの相互のつながりや関連性を考慮しながら（中略）より総合的な形で考え行動していく」学習が必要とし、システム的な思考の育成を求めた。

　「責任ある行動をとる力」では、「自分の仕事や成果物について責任をとることを必要とする」とし、自己を振り返ったり、評価したりしながら、倫理的に行動する自己調整の力を示した。

　これら3つの力を「変革を起こす力のあるコンピテンシー」と位置付け、若者が革新的で、責任があり、自覚的であるべきという強まりつつあるニーズに対応するものとしている。

　「新たな価値を創造する力」は知識・技能の創造を、「対立やジレンマを克服する力」では、かかわりの中で発揮される思考力・判断力・表現力を、そして「責任ある行動をとる力」では、倫理性と自己調整の力を発揮した、学びに向かう力・人間性を求めていると読むことができる。

　本文書には、子供たちが将来を見通して発揮すべき力として「エージェンシー」という言葉が登場する。

　文部科学省によると、OECDが唱える「エージェンシー」とは、「自ら考え、主体的に行動して、責任をもって社会変革を実現していく力」とし、具体的に「将来的な目標を見据える力」「批判的思考力」「現状に疑問を持つ力」などを挙げている。

　本文書では、社会参画を通じて人々や物事、環境がよりよいものとなるように影響を与えるという責任感をもっていること」を含むとし、「進んでいくべき方向性を設定する力や、目標を達成するために求められる行動を特定する力を必要とする」と述べている。

　そのために「教育者は、学習者を取り巻く教師、仲間たち、家族、コミュニティなど、子供たちの学習に影響を与えている幅広い関係性を認識する必要がある」として、「社会に開かれた教育課程」を想起させる文言が盛り込まれた。

　この文書は、教育が変わっていくための国際的な取組を要約したものであり、今後は、国・地方の教育行政、学校現場、保護者・地域、研究者、様々な職業団体や産業界、国際社会や国際機関が、今回示した学習の枠組みが実現され、強化される取組をそれぞれの立場で執り行っていくことを求めた。

　いずれにしても、この文書を通して、日本の教育が今、国際的な潮流の中で進められていることが分かる。

　学校管理職をはじめ、学校関係者には、よりグローバルな視点から、カリキュラム・マネジメントを行っていくことが求められている。　　　　　（編集部）

スクールリーダーの資料室

OECD Education 2030 プロジェクトについて

　OECD（経済協力開発機構）では、2015年から Education 2030 プロジェクトを進めてきました。このプロジェクトは、2030年という近未来において子ども達に求められるコンピテンシーを検討するとともに、そうしたコンピテンシーの育成につながるカリキュラムや教授法、学習評価などについて検討していくものです。今年は、本プロジェクトの第一期の最終年度に当たりますが、最終報告を前にして、OECDにおいて、本プロジェクトのポジション・ペーパーが公表されました。これは、Education2030 プロジェクトにおけるこれまでの成果を簡潔にまとめた中間的な概要報告に当たるものです。

　我が国は、2015年のプロジェクト開始当初からこのプロジェクトに参加し、国際的なコンピテンシーの枠組み設計やカリキュラムに関する議論に積極的に貢献してまいりました。本プロジェクトにおける議論や研究の成果を、学習指導要領改訂の議論において参照するとともに、我が国が伝統的に大切にしてきた「知・徳・体」の育成を通じた全人的な人間形成の考え方などについての提案を行うなど、これまでの国際的な議論において重要な役割を果たしてきたところです。その意味では、本文書は、OECD が策定したものというよりは、日本を含む各国が OECD、そして各国の専門家や学校のネットワークと共同で作り上げたものと言えるでしょう。

　この度、文部科学省において、専門家等の協力を得て仮訳を作成しましたので、ここに公表いたします[1]。なお、今後の議論や研究の進展等を踏まえて、訳出を変更する可能性がありますので、ご了承ください。

文部科学省初等中等教育局教育課程課教育課程企画室

教育とスキルの未来：Education2030 【仮訳（案）】

序文

　グローバル化の進展や技術の進歩の加速によって、我々は、社会、経済、環境など様々な分野において前例のない変化に直面している。こうした変化は、一方では、人類の進歩のために多くの新たな機会を提供するものでもある。未来は不確実であり、予測することは困難である。しかしながら、我々は常に将来の変化に対して開かれており、かつ準備ができていなければならない。2018年に学校に入る子供は、2030年には成人として社会に出ていくことになる。現時点では存在していない仕事に就いたり、開発されていない技術を使ったり、現時点では想定されていない課題を解決することなどについて、学校は子供たちに準備しておくようにすることができる。そうすることは、子供達が機会をつかみ、解決策を見つけるために果たすべき、私たちの共同責任となるだろう。

　そうした不確実な中を目的に向かって進んでいくためには、生徒は好奇心や想像性、強靭さ、自己調整といった力をつけるとともに、他者のアイディアや見方、価値観を尊重したり、その価値を認めることが求められる。また、失敗や否定されることに対処したり、逆境に立ち向かって前に進んでいかなければならない。単に自分が良い仕事や高い収入を得るということだけでなく、友人や家族、コミュニティや地球全体のウェルビーイングのことを考えられなければならないのである。

　教育を通じて、学習者は、自らの人生を形作り、また、他者の人生に貢献していくためのエージェンシーや目的意識、必要なコンピテンシーを身に付けることができる。そのためにどうするのが一番よいかについて、経済協力開発機構（OECD）では、「教育とスキルの未来2030」プロジェクトを実施してきた。このプロジェクトの目的は、各国が以下の２つ

学校教育・実践ライブラリ〈Vol.7〉　87

の大きな問いに対する回答を見つけることを手助けすることにある。

- 現代の生徒が成長して、世界を切り拓いていくためには、どのような知識や、スキル、態度及び価値が必要か。
- 学校や授業の仕組みが、これらの知識や、スキル、態度及び価値を効果的に育成していくことができるようにするためには、どのようにしたらよいか。

このポジション・ペーパーは、本プロジェクトのこれまでの初期段階の成果を示すものである。当初の枠組みは、世界中から様々なステークホルダーを含めた中で、繰り返し、見直しや検証が行われてきた。その中で、この枠組みが世界中で必要なものであり、様々な政策分野と整合的で、実施可能なものであることが確認されている。今後、2018年末までには枠組み作りの作業を完了する予定である。2019年には、ギアを入れ直して、この枠組みを教育方法や評価、学校や授業の仕組みのデザインなどに変換していくという新たな作業に取り組む予定である。

各国の政策立案者、研究者、学校ネットワーク、教師、教育分野のリーダー、生徒、ソーシャル・パートナーと一緒に作業をすることで、この枠組みは、アイディアを交換したり、既に立証された実践や、あるいは今後有望な実践を比較したり、最先端の研究を発見したり、学習の新しいエコシステムに貢献するような場を提供したりしている。興味があれば、連絡して頂きたい。

アンドレアス・シュライヒャー
経済協力開発機構（OECD）教育スキル局長

OECD Learning Framework 2030（2030年に向けた学習枠組み）

本文書で示すOECDの「2030年に向けた学習枠組み」は、教育制度の将来に向けたビジョンとそれを支える原則を示すものである。この学習枠組みは、OECDが各国に対して処方箋を示すものではなく、あくまでも方向性を示すものである。また、この枠組みは、参加国政府の代表者や知的リーダー、専門家、学校ネットワーク、学校管理職、教師、生徒、若者達、保護者、大学、地方組織、ソーシャル・パートナーなどの広がりつつあるコミュニティによって、OECDのEducation 2030 プロジェクトのために共同で策定されたものである。現在進行中のプロジェクトであり、全ての子供たちに未来志向の教育を開発していくために、一緒に議論していきたいと考えている。

Education2030：共有しているビジョン

私たちには、全ての学習者が、一人の人間として全人的に成長し、その潜在能力を引き出し、個人、コミュニティ、そして地球のウェルビーイングの上に築かれる、私たちの未来の形成に携わっていくことができるように支えていく責務がある。2018年に学校に入学する子供たちには、資源が無限だとか、資源は利用されるために存在するといった考え方を捨てることが求められる。それよりも、全人類の繁栄や持続可能性、ウェルビーイングに価値を置くことが求められるだろう。彼らは、分断よりも協働を、短期的な利益よりも持続可能性を大切にして、責任を負うとともに権限を持つ必要がある。

「VUCA」（不安定、不確実、複雑、曖昧）が急速に進展する世界に直面する中で、教育の在り方次第で、直面している課題を解決することができるのか、それとも解決できずに敗れることとなるのかが変わってくる。新たな科学に関する知識が爆発的に増大し、複雑な社会的課題が拡大していく時代において、カ

リキュラムも、おそらくは全く新しい方向に進化し続けなければならないだろう。

急速に変化する世界における新たな解決策の必要性

社会は急激かつ本質的に変化している。

第一の課題は、環境に関することである。例えば、

● 気候の変化や天然資源の枯渇については、緊急に行動をとりつつ、適応していくことが求められる。

第二の課題は経済に関することである。例えば、

● 科学に関する知識は、我々の生活を豊かにする新しい機会や解決策を生み出している。同時に、あらゆる分野において破壊的な変革の波を引き起こしてもいる。特にバイオテクノロジーや人工知能についての、科学や技術の分野における前例のないイノベーションは、人間とはどのような存在であるかという根本的な問いを投げかけている。今こそ、万人にとってより良い生活を追求するための経済的、社会的、制度的な新たなモデルを構築するときである。

● 国家、地方、地域レベルの経済的な相互依存関係は、世界的な価値連鎖や共有経済を創り出してきたが、同時に、いつ失われるともわからない不確実性や経済的なリスク、危機を生み出している。様々なデータが、膨大な規模で生み出され、使われ、共有されているが、このことは、拡大や成長、さらなる効率性を約束するものである一方で、サイバー・セキュリティやプライバシー保護といった新しい課題も生み出している。

第三の課題は、社会に関することである。例えば、

● 世界の人口が増加を続ける中で、移民や都市化、社会的・文化的多様化が国やコミュニティの在り方を変えている。

● 世界の多くの地域では、生活水準や生活における機会の格差が広がっており、また一方では、対立や不安定、変革の欠如が、しばしばポピュリスト的な政治と相互に関係しあいながら、政府に対する信頼や信用を失わせている。同時に、戦争やテロリズムの脅威が急激に増している。

こうした世界的なトレンドは、既に個々人の生活に影響を及ぼしており、また、今後来るべき時代においても影響を及ぼすことだろう。これらは、全ての国にとっての関心事となる世界的な論争を巻き起こしてきたが、同時に、世界レベルあるいは地域レベルでの解決策の発見を促してもきた。Education 2030 プロジェクトは、パートナーシップを通じて、人々や利益、地球、平和の持続可能性を確保することによって、国連の2030年持続可能な開発目標（SDGs）にも貢献するものである。

幅広い教育目標の必要性：個人のウェルビーイングと集団のウェルビーイング[2]

無目的な行動を続けていれば、科学技術の急激な進歩は、格差や社会的不安定さを拡大し、資源の枯渇を加速させることになろう。21世紀に入り、こうした目的はウェルビーイングの観点から定義されることが増えてきた。しかしながら、ウェルビーイングは、所得や財産、職業、給料、住宅などの物質的な資源へのアクセス以上のものを含む概念であり、健康や市民としての社会参画、社会的関係、教育、安全、生活への満足度、環境などの、生活の質（QOL）にも関わるものである。これらへの公平なアクセスは、社会全体の包摂的な成長を下支えするものである。

教育には、包摂的で持続的な未来を作り上げていくことに貢献し、またそこから恩恵を受けることができるような知識やスキル、態度及び価値を育成していくという極めて重要な役割がある。これからの数年で、明確で目的のはっきりした目標を立てるように学ぶこと、異なる考え方を持った人々と協働すること、まだ利用されていない機会を見つけること、重大な課題に対する複数の解決策を把握することなどが、不可欠な能力となるだろう。若者を教育するのは、働くための準備をすることだけが目的ではな

い。前向きで、責任ある行動をとることができる、積極的に社会参画することができる市民となっていくためのスキルをつけなければならないのである。

学習者のエージェンシー[3]：複雑で不確かな世界を歩んでいく力

将来に向けて準備ができている生徒は、自らの教育や生活全体を通して、エージェンシーを発揮していく必要がある。エージェンシーは、社会参画を通じて人々や物事、環境がより良いものとなるように影響を与えるという責任感を持っていることを含意する。また、エージェンシーは、進んでいくべき方向性を設定する力や、目標を達成するために求められる行動を特定する力を必要とする。

エージェンシーの発揮を可能としていくためには、教育者は学習者の個性を認めるだけではなく、例えば、教師や仲間たち、家族、コミュニティなど、彼らの学習に影響を与えているより幅広い関係性を認識する必要がある。この学習枠組みの基礎となる概念が、「共同エージェンシー」であり、すなわち、学習者が目指す目標に向かって進んでいくことを支える、双方向的で互恵的な協力関係のことである。この文脈では、誰もが学習者とみなされるのであり、それは生徒だけでなく、教師や学校管理職、保護者やコミュニティの人々も含むものである。

学習者のエージェンシーの発揮を可能にするためには、二つの要素がある。一つは、生徒一人一人が自分の情熱を燃やし、別々の学習経験や機会をつなげて考えるようになり、他者と協働しながら自分自身の学習プロジェクトや学習過程を計画することを支援したり、そうする動機づけを与えたりするような、一人一人にカスタマイズされた学習環境である。もう一つは、しっかりとした基礎力をつけることであり、読解力や数学力は依然として極めて重要である。ビッグデータの活用が始まるデジタル情報の時代において、デジタル情報やデータを使いこなす力は、心身の健康と同じように、不可欠なものとなっている。

OECD Education 2030のステークホルダーは、若者が、どのようにして自らの人生や世界を歩んでいくのかを示す「学びの羅針盤」を共同で作り上げてきた。

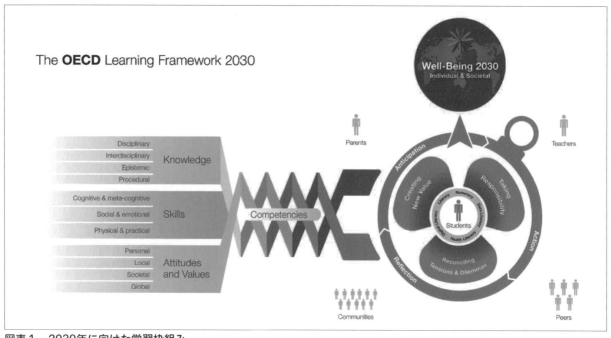

図表1　2030年に向けた学習枠組み

スクールリーダーの資料室

行動に移すことができるような、知識、スキル、態度及び価値の幅広いセットの必要性

将来に向けて最も準備ができている生徒は、変革の主体となる生徒である。彼らは周囲に対してポジティブな影響を持ち、将来に影響を与え、他者の意図や行動、感情を理解し、自分たちが行うことの短期的及び長期的な帰結を予測することができる。コンピテンシーの概念は、単なる知識及びスキルの獲得以上のものであり、複雑な要求に応えるために知識やスキル、態度及び価値を動員することを含む。将来への準備ができている生徒になるためには、幅広い知識と専門的な知識の両方が必要とされる。新しい知識が創出される要素として、学問分野の知識は今後も引き続き重要であると考えられるが、同時に、学問分野を超えて考え、「点をつなぐ」能力も重要である。例えば、数学者や歴史学者、科学者のように考えるにはどのようにするかといった認識論的知識あるいは学問に関する知識も、学問分野の知識を拡張することを可能にするものとして、また重要になる。手続き的知識とは、物事がどのように行われたり作られるのかを理解したりすることによって獲得されるものであり、目的を達成するためにとられるべき連続したステップや行為のことである。手続き的知識の中には領域固有なものもあれば、領域を超えて転移可能なものもある。典型的には、デザイン思考やシステム思考のように、実践的な問題解決を通して育成される。

獲得した知識は、未知な状況や変転する状況において適用されなければならない。そのためには、認知スキルやメタ認知スキル（例えば、批判的思考力、創造的思考力、学び方を学ぶ、自己調整）、社会的及び情意的スキル（例えば、共感、自己効力感、協働性）、実用的及び身体的スキル（例えば、新たなICT機器の利用）を含めた幅広いスキルが求められる。

より幅広い知識とスキルの活用は、態度及び価値（例えば、意欲、信頼、多様性や美徳の尊重）によって媒介される。態度及び価値は、個人、地域、社会、世界の各レベルにおいて見られるものである。人々の生活は、異なる文化的展望や個人的な特性に由来する価値や態度の多様性によって豊かなものとなるが、その一方で、決して妥協することが許されない人間的価値も存在する。そうした例を二つだけ挙げるとすれば、生命や人間の尊厳の尊重、環境の尊重といったものである。

私たちの社会を変革し、私たちの未来を作り上げていくためのコンピテンシー

子供たちが生活のあらゆる側面において積極的な役割を担っていくためには、様々なコンテクストを超えて、不確実性の中を歩んでいくことが必要である。そのコンテクストは、時間軸（過去、現在、未来）であったり、社会的な空間（家族、コミュニティ、地域、国、世界）であったり、デジタルの空間であったりする。同時に、その脆さや複雑さ、価値を尊重しながらも、自然界と共存していくことが求められるだろう。

OECDがDeSeCo（「コンピテンシーの定義と選択」）プロジェクトにおいて定義したキー・コンピテンシーに立脚して、Education 2030 プロジェクトでは、さらに、3つのコンピテンシーのカテゴリーを、「変革を起こす力のあるコンピテンシー」として特定したが、これらは、若者が革新的で、責任があり、自覚的であるべきという強まりつつあるニーズに対応するものである。

●新たな価値を創造する力
●対立やジレンマを克服する力
●責任ある行動をとる力

新たな価値を創造する力

より強固で、より包括的で、より持続的な発展のためには、新たな成長のための資源が直ちに必要となる。イノベーションにより、あまりコストをかけないで、経済的、社会的あるいは文化的なジレンマ

に対する重要な解決策が得られる。イノベーションに富んだ経済は、より生産的で、強靭で、順応性があり、より高い生活水準をもたらすことができる。2030年に備えるためには、創造的に考えたり、新しい製品やサービス、仕事、プロセスや方法論、新たな思考方法や生活様式、新たな起業、新たなセクター、新たなビジネスモデルや社会モデルを開発したりすることができるようにならなければならない。今後、イノベーションは、個々人の思考や作業のみならず、他者との協力と協働により既存の知識から新しい知識を生み出すことを通して、ますます引き起こされるようになる。このコンピテンシーを支える構成概念としては、適応力、創造力、好奇心や、新しいものに対して開かれた意識が含まれる。

対立やジレンマを克服する力

　格差によって特徴づけられる世界においては、多様な考え方や利害を調停していく緊急性があり、そのためには若い世代が、例えば公平と自由、自治と集団、イノベーションと継続、効率性と民主的プロセスといった対立軸のバランスをとるなど、対立やジレンマ、トレードオフの扱いに熟達することが求められる。対立する要求の間でバランスをとることが求められる場合、二者択一での選択や単一の解決策につながることは稀である。十分に練られていない結論を出すことを避ける、相互関係を認識するなど、一人一人がより総合的に考える必要がある。相互依存や紛争が生じている世界では、自分や家族、あるいはコミュニティのウェルビーイングを確実に確保していくためには、他者のニーズや欲望を理解する力をつけるほかないのである。

　将来に備えていくためには、矛盾した考えや相容れない考えや論理、立場についても、それらの相互のつながりや関連性を考慮しながら、短期的な視点と長期的な視点の両方を踏まえて、より統合的な形で考え行動していくことを学習する必要がある。違う言い方をすれば、システム的な思考をするように学習しなければならないのである。

責任ある行動をとる力

　「変革を起こす力のあるコンピテンシー」の3つ目は、他の2つの前提となるものである。新しいこと、変革、多様性や曖昧さに対応していくということは、個々人が自分たちのことを考えると同時に他者と協働することを想定している。同様に、創造性や問題解決力は個人の行為がもたらす将来の帰結を考え、リスクと報酬を評価し、自分の仕事の成果物について責任をとることを必要とする。このことは、責任感を示唆するとともに、過去の経験や社会的・個人的目標、これまで教えられ言われてきたこと、何が正しく何が間違っているかといったことに照らして、自分を振り返ったり、自分の行為を評価するという道徳的かつ知的な成熟性を示すものであると言える。

　倫理的に行動するということは、例えば、「私は何をすべきか」「それをしたことは正しかったのか」「限界はどこにあるのか」「自分がしたことの帰結を知った上でそれをすべきだったか」といった、規範や価値、意義や限界に関連する問いかけをするということである。このコンピテンシーの中核となるのが、自己調整の考え方であり、自己コントロール、自己効力感、責任感、問題解決、適応力を含むものである。発達神経科学の進展により、脳の可塑性の2回目の急激な増大は思春期に起きることが示されている。また、最も可塑性の高い脳の領野や仕組みは、自己調整の発達に関するものであることも示されている。思春期は、もはや、単に脆く傷つきやすい時期としてではなく、責任感を醸成する機会として捉えられるのである。

エコシステム・レベルでの変革に向けたデザイン原理

　これらの「変革を起こす力のあるコンピテンシー」は複雑なものである。コンピテンシーの一つ一つが、他のコンピテンシーと複雑かつ相互に関連している。それらのコンピテンシーは、発達していく性質を持つものであり、それゆえ学習可能なものである。

　コンピテンシーを身に付けていく能力は、それ自

スクールリーダーの資料室

体が見通し、行動、振り返り（Anticipation, Action, Reflection＝AAR）の連続した過程を通じて学習されるべきものである。振り返りの実践とは、決断したり、選択したり、行動する際に、これまで分かっていたことや想定したことから一歩引いて、状況を他の異なる視点から見直すことによって、客観的なスタンスをとることができる力である。見通しとは、分析的思考力や批判的思考力といった認知スキルを活用して、将来何が必要になるか、あるいは、現時点でとった行動が将来にどのような影響を及ぼすかといったことを予測することである。見通しも振り返りも、いずれも責任ある行動の前提となるものである。

そのため、OECDの2030年に向けた学習枠組みは、複雑な概念を包含するものとなっている。即ち、世界に積極的に関わっていくために必要となる相互に関連したコンピテンシーを育成するために、AARのプロセスを通して知識やスキル、態度及び価値を総動員していくものとなっている。

この新たな学習枠組みが実行可能なものとなるよう、Education 2030 プロジェクトに携わる関係者は「変革を起こす力のあるコンピテンシー」やその他の重要な概念を特定の構成要素（創造性、批判的思考力、責任感、強靱さ、協働など）に表現し直すよう共同で取り組んできた。これによって、教師や学校管理職も、これらの概念をカリキュラムにより良い形で融合させることができるだろう。構成要素については、現在検討中である。

Education 2030 では、カリキュラム見直しのための知識基盤の構築も行ってきた。カリキュラムの変更は、教育が多くのステークホルダーを含めた一つのエコシステムであることを想定している。生徒、教師、学校管理職、保護者、国あるいは地方の政策立案者、研究者、労働組合、社会的パートナーや産業界が、このプロジェクトのために一丸となって取り組んできた。国を超えた作業の中で、Education 2030 は５つの共通する課題を特定した。

1. 保護者や大学、雇用者からのニーズや要望を前に、学校はカリキュラムの負担が過剰である問題に取り組んでいる。結果的に、各学問分野の重要な概念を理解する時間や、バランスの取れた生活という観点からは、友人関係を構築したり、睡眠をとったり運動をしたりする時間が十分に取れないことがしばしば生じている。今こそ、生徒の関心を、「学習時間の長さ」から「学習時間の質」にシフトしていくときである。

2. カリキュラム改革は、課題の認識から意思決定、カリキュラムの実施、その影響が生じるまでなどの間で生じるタイムラグに影響される。一般的に、カリキュラムが意図するところと学習の結果とのギャップは非常に大きなものになる。

3. 生徒が学習に没頭して、深く理解していくためには、学習内容は質の高いものでなければならない。

4. カリキュラムは、革新的なものであると同時に、公平を担保するものでなければならない。選ばれたわずかな生徒だけでなく、全ての生徒が社会的、経済的、技術的な変革の恩恵を受けられるようにする必要がある。

5. カリキュラム改革を効果的に実施に移していくためには、よく練られた計画と各実施段階間の整合性の確保が極めて重要である。

こうした課題に対応していくため、ワーキンググループのメンバーとその他のパートナーは、国や時間を超えて妥当と考えられるであろう教育課程や教育制度を変革していく上でのデザイン原理や教育制度について、共同で検討しているところである。

概念、コンテンツ、トピックのデザイン

● 生徒のエージェンシー：カリキュラムは生徒の意欲を喚起するようにデザインされるべきである。また、その際には生徒の事前の知識やスキル、態度及び価値についても考慮されるべきである。

● 難しさ：トピックは挑戦する甲斐があるもので、

深い思考や振り返りを可能とするようなものにすべきである。
- 焦点化：深い学びと質の高い学習を保証するため、各学年で扱う単元・領域は相対的により少ないものとすべきである。鍵となる概念の理解を強化するため、単元・領域同士が重なることも考えうる。
- 一貫性：単元・領域は、発達段階や年齢を通して、基礎的なものからより高度な概念へ進歩していけるようにするため、各学問分野の原理を反映した形で順序付けられるべきである。
- 整合性：カリキュラムは指導法や評価の実践とよく整合したものでなければならない。今後望まれる成果の多くは、いまだ評価する技術が存在しないが、異なる目的のためには異なる評価の実践が必要である。必ずしも常に測定することができない生徒の成果や行動を価値づけるような、新たな評価方法が開発されるべきである。
- 転移可能性：特定のコンテクストで学習することが可能で、かつ他のコンテクストにも転移できるような知識やスキル、価値・態度に、より優先度が置かれるべきである。
- 選択：子供たちには、十分な情報が与えられた上で選択できるようなサポートがあった上で、多様な範囲のトピックやプロジェクトの選択肢や、自らが考えるトピックやプロジェクトを提案する機会が与えられるべきである。

学習プロセスのデザイン

- 教師のエージェンシー：カリキュラムを効果的に実施していくため、教師は、専門的な知識やスキル、専門性を発揮できるようになっているべきである。
- 真正性：学習者は、学習経験を実世界に関連付けて捉えられるようにするとともに、学習において目的意識を持つことができるようにすべきである。そのためには、各学問分野の知識に習熟することに加えて、学問分野を超えた学習や協働的な学習が必要である。
- 相互関連性：学習者は、各教科のトピックや概念が、その教科内の他のトピックや概念や、教科を超えた他のトピックや概念とどのように関連しているか、また、学校外の実生活とどのように関連しているかを認識する機会が与えられるべきである。
- 柔軟性：「カリキュラム」の概念が、「事前に決まっている静的なもの」から「状況に応じて変わりうる動的なもの」として変わっていくべきである。学校や教師は、日々進展する社会的なニーズや個人の学習上のニーズを反映するように、カリキュラムを更新したり、整合性をとるようにすべきである。
- 関与：教師や生徒、そのほかの関係するステークホルダーは、実施において当事者意識を持つことができるように、カリキュラムを策定していく初期の段階から関与していくべきである。

今後の予定

本文書は、教育が変わっていくための国際的な取り組みを要約したものである。OECD Education 2030プロジェクトのワーキンググループに加わって、そのビジョンや考えに対し意見を述べたり、手助けしていただくことを歓迎する。

ワーキンググループでは、この学習枠組みが実行可能なものとなるように、アイディアや好事例を収集しており、以下のことが求められている。

- 中央、地方の政府が、今回示した学習枠組みに関連する政策やカリキュラムのデザインの経験を共有すること。
- 生徒、教師、学校管理職、保護者が「ラーニング・コンパス2030」を活用した具体的事例について共有すること。
- 専門家や研究者が、特に学習枠組みの構成要素について、エビデンスに基づいた政策と実践の間

の関連性の強化を助けること。

● 地域コミュニティ、教員組合やビジネスセクターの代表者を含む職業団体や産業界が生徒の学習支援や適切な学習環境づくりの実践を共有すること。

● 国際社会や国際機関が、国連持続可能な開発目標（SDGs）4.7や他の関連するイニシアティブの支援を受けながらEducation 2030 に貢献すること。

　　　　　（Annex1、2、3については省略）

本文書の原文は、下記のURLをご参照ください。
http://www.oecd.org/education/2030/OECD%20Education%202030%20Position%20Paper.pdf

[注]
1　この仮訳は、これまでの本プロジェクトの議論に参画、貢献してきた以下に掲げる有識者及び組織の協力を得て、文部科学省において作成したものである。
秋田喜代美　東京大学大学院教育学研究科教授
安彦　忠彦　神奈川大学特別招聘教授、名古屋大学名誉教授
石井　英真　京都大学大学院教育学研究科准教授
岸　　　学　東京学芸大学名誉教授
白水　　始　東京大学高大接続研究開発センター教授
関口　貴裕　東京学芸大学教育学部准教授
田熊　美保　経済協力開発機構（OECD）教育スキル局シニア・アナリスト
奈須　正裕　上智大学人間科学部教授
無藤　　隆　白梅学園大学子ども学部教授兼子ども学研究科長
OECD教育イノベーションネットワーク
　また、文部科学省においては、以下の者が翻訳の作成及び編集に当たった。
鈴木　　寛　文部科学大臣補佐官（Education 2030 プロジェクト・運営委員会理事）
白井　　俊　文部科学省初等中等教育局教育課程課教育課程企画室長（Education 2030 プロジェクト・ナショナル・コーディネーター）

2　教育基本法第2条は「教育の目標」として、「豊かな情操と道徳心を培うとともに、健やかな身体を養うこと」（同条第1項）や「生命を尊び、自然を大切にし、環境の保全に寄与する態度を養うこと」（同条第4項）等を規定しているが、これらはウェルビーイングの考え方に合致するものである。

3　教育基本法第1条では「平和で民主的な国家及び社会の形成者として」必要な資質を備えた国民の育成を期することとしており、また、同法第2条では「公共の精神に基づき、主体的に社会の形成に参画し、その発展に寄与する態度を養う」としているが、これらは、エージェンシー（Agency）の考え方に合致するものである。

リレーエッセイ

私の一品

考える牛

東京都江東区立明治小学校統括校長
喜名朝博

　年末、百貨店の茶道具売場には、来たる年の干支や勅題（歌会始のお題）にちなんだ道具が並ぶ。お茶の稽古を始めてから毎年そんな道具を眺めるのが楽しみになっている。そして、いつからか気に入った干支の香合（香を入れる器）を買い求めるのが習となった。と言っても安価なもので、一年間、自宅の机の決まった位置に置いて愛でている。それは、忙しさにかまけて稽古を休んでいる自分への戒めと、お茶の精神を忘れないようにするためでもある。

　その年の茶道具売場には、丑年に因んだ道具が並んだ。その中で惹き付けられたのがこの蓋置（ふたおき）である。蓋置とは、釜の蓋や柄杓を一時的に預けるための道具である。竹製のものをイメージすることが多いが、金属や陶磁器のものもある。自分が丑年ということもあり、その年は香合ではなく、この「考える牛」の蓋置を買い求めた。

　何ともユーモラスなフォルムである。腕（？）を組み、足を組んで何か考えている。ロダンの「考える人」の牛版のようだが、本物はバルセロナにあることが分かった。校長になってからは、この「考える牛」は校長室の机のパソコンモニタの下に置いた。自席に居るときは常に目に入っている。

　校長の仕事は考えることである。よりよい学校にするためにどうすればいいか、いつも考えている。気になる子供のこと、教員のこと、人事も含めた来年度の学校経営のこと、自校のことから日本の教育の未来まで……、考えることは楽しいことだ。しかし、自分の頭の中だけではどうしても考える範囲が狭くなり、独善的になってしまう。そんなとき、この「考える牛」を見ると、「もっとよく考えろ」「本当にそれしかないのか」と語りかけてくれている気がする。レオ・レオニ代表作『スイミー』の中で、スイミーが、ただ考えるだけでなく、いろいろ考えたり、うんと考えたりする場面も、多面的・多角的に考えること、深く考えることへの示唆を与えてくれる。

　しかし、いくら考えてもそれは頭の中のこと。考えたことを実現させるには、それを発信し、伝え、自ら動かなければならない。言葉だけで人を動かしてはならない。「考え、行動する校長になっているか」と「考える牛」に問いかけられる度に反省する毎日である。

　いつか時間ができたら、お茶のお稽古を再開したいと思っている。そのときは、この「考える牛」も蓋置としての本来の使い方で活躍させたい。ただ、お茶の世界では、12年に一度しかその出番はないのだが……。

いつまでもいつまでも「たくましく生きよ。」

仙台市立錦ケ丘中学校長
佐藤淳一

　我が家のリビングの壁の中央に１枚の色紙が木製の額縁の中に納められ飾られている。

　あの日、私の勤務していた宮城県石巻市立雄勝中学校は、卒業式だった。感動の式の中で私は生徒たちに最後のメッセージを送った。「たくましく生きていけ」と。

　それから数時間後、雄勝の街は津波にのまれることになる。地域は壊滅、津波は３階の校舎の屋上を越えていった。ほぼ全員の生徒の家が流された。

　山中に避難した職員と私がその惨状を初めて見たのは翌日の未明だった。生徒たちはバラバラに逃げたはずである。「生きていてほしい」ただそれだけを願い、祈った。それからは生徒の安否確認に奔走した。８日後、奇跡が起きる。生徒全員が無事だった。迫り来る大津波から全員が「たくましく生きのびていた」のだった。神様に心から感謝した。

　学校再開にあたって、職員の心はひとつだった。家を無くし、地域を失い、家族を亡くした「生徒たちを笑顔にしたい」ただそれだけだった。私は、入学式で新たな校訓「たくましく生きよ。」を掲げた。生徒も職員も前を向くための言葉が欲しかった。

　いよいよ高校の校舎の４階を間借りして学校が動き出した。実に多くの方から温かいご支援をいただいた。被災から２か月たったある日、私は生徒にこう切り出した。

　「太鼓をやらないか。ここで生きている証、多くの方への感謝、地域の方を元気づけるために」

　全員から拍手が沸き起こった。しかし太鼓はみんな流されて無い。だったら自分たちで創ろうと古タイヤを集めた。バチは100円ショップの麺棒。打面は荷造り用テープ。「復興輪太鼓」と名付けた。打つと重厚な音が響いた。生徒たちは、手にまめを作りながらも懸命に練習に励んだ。輪太鼓を打つときは、黒地に白抜きの校訓入りTシャツを皆で着た。そして創り上げたその演奏は多くの人の心を震わした。感動の輪は広がり、東京駅、京都、そしてドイツでも演奏した。その過程で生徒たちは少しずつ自信と誇りを取り戻していく。被災した自分たちにもできることがあること、人に勇気と感動を与えられることを学んでいった。

　そして2012年３月30日。雄勝の生徒たちは東京ドームにいた。プロ野球開幕戦のオープニングセレモニーで輪太鼓を披露したのである。全国の皆さんに感謝を込めて一心に輪太鼓を打つその姿は、まさに雄勝中学校の怒濤の一年間の集大成であった。

　その翌日、離任する私に生徒が１枚の色紙を贈ってくれた。そこに書かれた力強い言葉。生涯の宝物である。

好評発売中！

次代の学びを創る 学校教育実践情報シリーズ

リーダーズ・ライブラリ　全12巻

Leader's Library

A4判、本文100頁（巻頭カラー4頁・本文2色／1色刷り）、横組
ぎょうせい／編
各巻定価（本体1,350円+税）各巻送料215円
セット定価（本体16,200円+税）送料サービス

これからのスクールリーダーを徹底サポート。
新課程下の「知りたい」を即解決！

■各巻特集テーマ

[2018年]
- **Vol.01**（04月配本）**新学習指導要領全面実施までのロードマップ**
  * to do と実施のポイントで今年度の課題を整理
- **Vol.02**（05月配本）**「社会に開かれた教育課程」のマネジメント**
  * PDCAで編成・実践する「社会に開かれた教育課程」
- **Vol.03**（06月配本）**Q&A新教育課程を創る管理職の条件**
  * 知っておくべき学校管理職のための知識＆実践課題
- **Vol.04**（07月配本）**スクールリーダーのあり方・生き方**
  * 求められるリーダー像はこれだ！ 各界に学ぶリーダー論
- **Vol.05**（08月配本）**若手が育つ学校〜学校の人材開発〜**
  * 若手の意識を変える！ 年齢構成から考える組織マネジメント＆若手速成プラン
- **Vol.06**（09月配本）シリーズ授業を変える１：**今求められる授業の基礎技術**
  * 徹底追究！ いまさら聞けない授業技術（板書、机間指導、指名etc）
- **Vol.07**（10月配本）シリーズ授業を変える２：**「問い」を起点にした授業づくり**
  * 教師の「問い」研究 ―「主体的・対話的で深い学び」はこう実現する
- **Vol.08**（11月配本）シリーズ授業を変える３：**子供の学びをみとる評価**
  * もう迷わない！ 新しい学習評価の必須ポイント
- **Vol.09**（12月配本）**子供の危機管理〜いじめ・不登校・虐待・暴力にどう向き合うか〜**
  * 子供を守れるリーダーに！ 次代の危機管理の傾向＆対策

[2019年]
- **Vol.10**（01月配本）**教師の働き方とメンタル・マネジメント**
  * 管理職の腕次第!? 教師が生きる職場のつくり方
- **Vol.11**（02月配本）**インクルーシブ教育とユニバーサルデザイン**
  *「合理的配慮」から改めて特別支援教育を考える
- **Vol.12**（03月配本）**新教育課程に向けたチェック＆アクション**
  * 実施直前！ 移行期の振り返りと課題の確認で準備万端

変わる指導要録・通知表
新しい評価のポイントが「速」攻で「解」る！

2019年改訂
速解 新指導要録と「資質・能力」を育む評価

市川伸一 [編集] 東京大学大学院客員教授・中央教育審議会
教育課程部会児童生徒の学習評価に関するワーキンググループ主査

A5判・定価（本体1,800円＋税）送料300円
＊送料は2019年6月時点の料金です。

◆ 新しい**学習評価**のねらいは何か。「**主体的・対話的で深い学び**」をどう見取るか。
◆ 新たな3観点「**知識・技能**」「**思考・判断・表現**」、そして「**主体的に学習に取り組む態度**」をどう評価するか。
◆ 指導要録の様式改訂でどのように記述は変わるのか。

若手が"みるみる"育つ！
教師のライフコース研究からひもとく**若手育成の秘策**

若手教師を育てる マネジメント
―新たなライフコースを創る指導と支援―

大脇康弘 [編著]　A5判・定価（本体2,400円＋税）送料300円
＊送料は2019年6月時点の料金です。

ベテラン教師の大量退職、若手教師の採用急増、学校をめぐる様々な教育課題への対応…。
いまスクールリーダーに求められる、若手教師の育て方・生かし方がわかります！

株式会社 ぎょうせい

フリーコール
TEL：0120-953-431 [平日9～17時]　**FAX：0120-953-495**

〒136-8575 東京都江東区新木場1-18-11
https://shop.gyosei.jp　ぎょうせいオンラインショップ　検索

学校教育・実践ライブラリ　Vol.7

思考ツールの生かし方・取組み方

〜授業を「アクティブ」にする方法〜

令和元年11月1日　第1刷発行

編集・発行　　株式会社 ぎょうせい

〒136-8575　東京都江東区新木場1-18-11
電話番号　編集　03-6892-6508
　　　　　　営業　03-6892-6666
フリーコール　0120-953-431
URL　https://gyosei.jp

〈検印省略〉

印刷　ぎょうせいデジタル株式会社
乱丁・落丁本は、送料小社負担のうえお取り替えいたします。
©2019　Printed in Japan.　禁無断転載・複製

ISBN978-4-324-10616-7（3100541-01-007）〔略号：実践ライブラリ7〕